Kurt Weber

# BIBELÜBERSETZUNGEN UNTER DER LUPE

Kurt Weber

# BIBELÜBERSETZUNGEN unter der Lupe

## Ein Wegweiser für Bibelleser

Verlag Schulte + Gerth Asslar

Völlig neu bearbeitete und erweiterte Ausgabe


Best.-Nr. 15 559
ISBN 3-87739-559-7
1. Auflage 1984
2. Auflage 1985
3. Auflage 1987
Umschlaggestaltung: Gisela Scheer
Satz: Typostudio Rücker & Schmidt
Druck und Verarbeitung: Elsnerdruck, Berlin
Printed in Germany

# Inhalt

# Vorwort

Seit Erscheinen des Buches „Bibelübersetzungen unter der Lupe“ im Jahre 1972 sind neue Übersetzungen erhältlich, andere wurden revidiert. Der vielfache Wunsch nach Orientierung ist deshalb verständlich und hat den Verlag Schulte + Gerth veranlaßt, die Möglichkeit einer erweiterten Neuauflage zu prüfen. Eine Überarbeitung hat sich jedoch als ungenügend erwiesen.

Der „Laie“, der die Bibel täglich liest – an ihn ist dieses Buch in erster Linie gerichtet – soll über alle wesentlichen, mit Bibelausgaben zusammenhängenden Fragen informiert werden, um ihm eine persönliche Stellungnahme zu erleichtern. Das hat zur erweiterten Neubearbeitung geführt. Hinweise zur Überlieferung der Bibel sind teilweise übernommen worden und verschiedene Angaben zu älteren Übersetzungen nach wie vor gültig.

Früher konnten wir unseren Bibelübersetzungen vertrauen. Eine deutschsprachige Übersetzung bedeutete für uns eine inhaltlich zuverlässige Übersetzung als Glaubens- und Lebensgrundlage. Dieses Vertrauen ist heute bei verschiedenen Übersetzungen und Übertragungen nicht mehr gerechtfertigt. Sie sind geprägt von Zeitströmungen, moderner Theologie und bibelkritischem Gedankengut. Ein erster Einblick in Übersetzungsgrundsätze und historisch-kritische Forschung ist deshalb notwendig geworden. Bei der Behandlung der Übersetzungen werden vor allem Vergleichsmöglichkeiten geboten, was den praktischen Nutzen erhöht. Dieses Ziel gilt auch für den abschließenden Teil.

„Nicht von Brot allein soll der Mensch leben, sondern von jedem Wort, das durch den Mund Gottes ausgeht" (Mt 4,4). Wir vergessen heute so leicht, daß materieller Wohlstand noch keine Lebenserfüllung bedeutet. Falsche oder fehlende Wertmaßstäbe und zunehmende Orientierungslosigkeit haben dazu geführt, daß das Leben heute oft sinn- und wertlos erscheint. Die Beschäftigung mit Gottes Wort ist für jeden einzelnen Menschen lebensnotwendig. Vielleicht müssen wir den Umgang mit Gottes Wort neu lernen. Die Bibel ist uns nicht nur für theoretische Überlegungen gegeben, sondern für ein glückliches und erfülltes Leben voller Hoffnung.

Der erste Teil dieses Buches vermittelt einen allgemeinen Einblick in die Entstehung und Überlieferung der Bibel. Grundsätzliche Überlegungen zur Bibelübersetzung fördern das Verständnis für die verschiedenen Ziele der Übersetzer. Wenn wir einige geistige Strömungen unserer Zeit streifen, dann deshalb, weil sie in den Bibelausgaben ihren Niederschlag finden.

Selbstverständlich können im Rahmen dieser Schrift nicht alle deutschsprachigen Übersetzungen erwähnt werden. Im zweiten Teil habe ich mich jedoch bemüht, verschiedenartige Ausgaben zu behandeln. Dabei soll vor allem der Charakter einer Übersetzung herausgestellt und ein Vergleich mit anderen geboten werden. Eine abschließende kurze Zusammenfassung bei jeder Ausgabe erleichtert den Überblick. Der „Bibelstellen-Hinweis zu den Übersetzungen" im Anhang enthält Bibelstellen einer bestimmten Übersetzung, die bei anderen Übersetzungen aufgeführt sind. Er ermöglicht deshalb eine noch bessere Beurteilung.

Der dritte Teil ist der Auswertung des zweiten Teils gewidmet und will dem Leser auch bei der Bibelwahl helfen. Dann dürfen wir im kurzen vierten Teil unsere Bibel mit unserem Leben in Beziehung setzen und einige Grundsätze streifen, die unseren Umgang mit der Bibel vertiefen können.

Der Psalmist ruft aus: „Ich freue mich über dein Wort“ (Ps 119,162). Wenn dieses Buch der sachlichen Information dient, praktische Hilfe bietet und dazu beitragen darf, daß Ihre Freude an Gottes Wort wächst und dadurch Ihr Leben verändert wird, dann hat es seinen Zweck erfüllt.

Im Juni 1984 Der Verfasser

# Abkürzungen der Bibelübersetzungen

| | |
|---|---|
| Elb | Elberfelder |
| Bu | Buber AT |
| Ko | Konkordantes NT |
| NW | Neue-Welt-Übersetzung |
| Lu | Luther |
| Sc | Scofield |
| Be | Bengel NT |
| Zü | Zürcher |
| Me | Menge |
| Sch | Schlachter |
| Je | Jerusalemer |
| Ei | Einheitsübersetzung |
| Wi | Wilckens NT |
| Mü | Mülheimer NT |
| Al | Albrecht NT |
| Pf | Pfäfflin |
| Br | Bruns |
| Fo | Fotobibel NT |
| Zi | Zink |
| GN | Die Gute Nachricht |
| Ho | Hoffnung für alle NT |

# Andere Abkürzungen

| | |
|---|---|
| AT | Altes Testament |
| NT | Neues Testament |
| Joh | Johannesevangelium |
| Jo | Johannesbrief |
| A. | Andere |
| Anm. | Anmerkung |
| d.h. | das heißt |
| d.i. | das ist |
| Jh. | Jahrhundert |
| l. | lesen |
| LXX | Septuaginta |
| Mas.T. | Masoretischer Text |
| o. | oder |
| Rev. | Revision |
| s. | siehe |
| u.a. | unter anderem |
| Üs. | Übersetzung |
| V. | Vers |
| vgl. | vergleiche |
| w. | wörtlich |

Abkürzung der biblischen Bücher nach der Elberfelder-Bibel

Wo nicht anders erwähnt, wird der Text der Elberfelder-Bibel (NT-Rev. 75) zitiert.

# 1. Teil

# Grundlagen

# (1) Entstehung der biblischen Bücher

Die Bibel ist eine Sammlung von 66 Büchern und dennoch ein Buch. Sie wurde geschrieben von Menschen verschiedener Kultur, Berufsgattung und sozialer Schicht. Dennoch bildet sie eine wunderbare Einheit. Sie ist Gottes Wort an uns Menschen, offenbart uns seinen Willen und Plan für Zeit und Ewigkeit.

Im Zeitalter der Patriarchen redete Gott direkt zu Männern wie Adam, Noah, Abraham. Später begann man, die Offenbarungen Gottes und die mündlichen Überlieferungen niederzuschreiben.

Aufgrund ausgegrabener Schrifttafeln wissen wir, daß schon zur Patriarchenzeit ganze Bibliotheken bestanden. Diese Schriften handelten meist von geschäftlichen und sozialen Dingen oder von geschichtlichen Begebenheiten. Sie bestätigen, daß die Schreibkunst bereits zur Zeit Moses hoch entwickelt war. Die Bücher Moses, verschiedene Verfasser anderer biblischer Bücher und Jesus selbst (Joh 5,46-47) bezeugen, daß Mose den Pentateuch (die 5 Bücher Mose) wenigstens teilweise geschrieben hat. Dann folgten weitere Männer Gottes, die Offenbarungen Gottes und geschichtliche Ereignisse aufzeichneten.

Wie weit die Lesekunst in der mosaischen Zeit verbreitet war, wissen wir nicht. Das Vorhandensein ganzer Bücher läßt jedoch auf die Lesefähigkeit eines Teils des Volkes schließen. Das führt uns zur Bedeutung des Lesens in biblischer Zeit für die Entstehung der Bibel.

Jos 8,34-35 berichtet uns folgendes: „Und danach las er alle Worte des Gesetzes, den Segen und den Fluch, nach allem, was im Buche des Gesetzes geschrieben ist. Es war kein Wort von allem, was Mose geboten hatte, das Josua nicht der ganzen Versammlung vorlas, samt den Weibern und den Kindern und dem Fremdling, der in ihrer Mitte wandelte."

Wer im Altertum (das umfaßt auch die Entstehungszeit der Bibel) lesen konnte, tat dies laut. Das hebräische Wort für „lesen" bedeutet „halblaut lesen", „murmelnd lesen". Auch ohne Zuhörer las man halblaut. Gott sagte in Jos 1,8 zu Josua: „Dieses Buch des Gesetzes soll nicht von deinem Munde weichen". Philippus *hörte* den Kämmerer aus Äthiopien lesen (Apg 8,30). Das laute Lesen half auch mit, sich das Gehörte besser einzuprägen, und begünstigte eine zuverlässige mündliche Überlieferung bis zur späteren Niederschrift. Das gilt sowohl für die Abfassung des AT wie auch des NT. Die Gewohnheit, still zu lesen (= nicht mit dem Mund, nur mit den Augen), ist wahrscheinlich erst im 4. Jh.n.Chr. aufgekommen, also lange nach Abfassung der biblischen Bücher.

In Jer 36,2 wird uns ein Beispiel für die Entstehung biblischer Schriften gegeben. Der Herr sprach zu Jeremia: „Nimm dir eine Buchrolle und schreibe darauf alle die Worte, welche ich zu dir geredet habe über Israel und über Juda und über alle Nationen, von dem Tage an, da ich zu dir geredet habe, von den Tagen Josias an bis auf diesen Tag." Später wurde das Buch dem König Jojakim vorgelesen. Davon lesen wir in Vers 23: „Und es geschah, sooft Jehudi drei oder vier Spalten vorgelesen hatte, zerschnitt sie der König mit dem Schreibermesser und warf sie in das Feuer, das im Kohlentopf war, bis die ganze Rolle in dem Feuer des Kohlentopfes vernichtet war." Daraufhin gebot Gott dem Jeremia, die früheren Reden auf eine andere Rolle zu schreiben.

Daran erkennen wir: Das Reden Gottes ging voraus. Gott garantierte als Auftraggeber auch die Möglichkeit einer zuverlässigen Abfassung. Ohne diese Möglichkeit einer zuverlässigen späteren Niederschrift hätte Gott einen anderen Weg gewählt, um uns sein Wort zu übermitteln.

Das gilt auch für das NT. Für die Aufzeichnung der Taten und Worte Jesu bestand unmittelbar nach der Kreuzigung, Auferstehung und Himmelfahrt Jesu keine Veranlassung. Doch schon nach wenigen Jahrzehnten wurde die Niederschrift notwendig, um die Tatsachen festzuhalten und eine zuverlässige Überlieferung zu gewährleisten. Das erkennen wir aus den ersten vier Versen des Lukasevangeliums: „Da es nun schon viele unternommen haben, eine Erzählung von den Ereignissen zu verfassen, die sich unter uns zugetragen haben, wie sie uns die überliefert haben, die von Anfang an Augenzeugen und Diener des Wortes gewesen sind, hat es auch mir gut geschienen, der ich allem von Anfang an genau gefolgt bin, es dir, vortrefflicher Theophilus, der Reihe nach zu schreiben, damit du die Zuverlässigkeit der Dinge erkennst, in denen du unterrichtet worden bist."

Lukas war nicht, wie Matthäus oder Johannes, Augenzeuge des biblischen Geschehens. Er schrieb auch nicht den Bericht eines Augenzeugen nieder, wie es von Markus angenommen wird. Er sammelte den Stoff, prüfte ihn und verwertete, was ihm durch zuverlässige Zeugen genügend bestätigt schien.

Über die Entstehung des Markus-Evangeliums schrieb Papias, der Bischof von Hieropolis, um das Jahr 140 (nach Angaben des großen Kirchengeschichtsschreibers Eusebius um das Jahr 300): „Markus, der Dolmetscher des Petrus, schrieb alles, dessen er sich erinnerte, genau auf, nicht jedoch in der genauen Reihenfolge, wie es von Christus geredet oder getan worden war. Denn er hatte den Herrn weder gehört noch war er ihm nachgefolgt, sondern dem Petrus, der seine

Vorträge nach den Bedürfnissen einrichtete, nicht, als wollte er eine Aufzeichnung der Herrenworte machen. Daher beging Markus keinen Fehler, wenn er so einiges aufschrieb, wie er sich erinnerte. Er trug nur dafür Sorge, nichts von dem, was er gehört hatte, wegzulassen oder falsch darzustellen."

Der Heilige Geist hat die Verfasser geleitet. Wenn – wie bereits erwähnt – selbst ohne schriftliche Unterlagen eine zuverlässige Niederschrift früherer Botschaften möglich war, dann war auch aufgrund mündlicher und schriftlicher Berichte eine zuverlässige Auswahl und Niederschrift möglich.

Das AT wurde fast ausschließlich in hebräisch geschrieben. Die Niederschrift erfolgt rückwärts, also von rechts nach links. Sein Wortschatz ist unseren Worten in keiner Weise verwandt. Die Form des hebräischen Alphabets ist ebenso fremd für uns, und einzelne Zeichen sind zum Verwechseln ähnlich. Das hebräische Alphabet kennt auch keine Vokale.

Einige wenige Stellen des AT sind in aramäisch geschrieben worden. Wer die Alten Sprachen nicht kennt und in die hebräische Bibel schaut, kann die aramäischen Buchstaben nicht von den hebräischen unterscheiden, so ähnlich sehen sie aus.

Das NT ist in griechisch geschrieben worden, der alltäglichen Umgangssprache der griechisch-römischen Welt zu jener Zeit. Auch alle überlieferten Handschriften sind in griechisch abgefaßt.

In biblischer Zeit wurde auf mancherlei Material geschrieben wie Fels, Stein, Ton und Holz. Für die biblischen Bücher hingegen wurden Leder, Papyrus, Pergament und für Handschriften vom 12. Jh.n.Chr. an auch Papier verwendet.

Zur Herstellung von Papyrusblättern dienten die Stengel der Papyrusstaude, die man in Streifen schnitt, senkrechte und waagrechte Streifen übereinanderlegte (Bindung durch natürlichen Klebstoff), trocknete und polierte. Papyrus war nicht teuer und mindestens so dauerhaft wie das beste Papier. Leder (Tierhaut) hatte gegenüber Papyrus den Vorteil, daß es dauerhafter war, nicht so leicht abgenutzt wurde und sich deshalb für vielbenutzte Schriften besser eignete. Pergament wurde vom 4. Jh.n.Chr. an das wichtigste Material für Bücher. Es entsteht durch eine besondere Behandlung von Tierhäuten, ist glatt und kann deshalb bequem auf beiden Seiten beschrieben werden. Durch seine helle Färbung läßt Pergament die Tinte deutlich hervortreten. Durch Abschaben ist zudem eine mehrmalige Beschriftung möglich.

Die Form des Buches im Altertum war die Rolle aus Leder oder Papyrus. Für ihre Handhabung benötigte man beide Hände. Der Kodex entspricht hingegen der heutigen Buchform aus einzelnen Blättern. Erst mit der Erfindung des Kodex wurde die Zusammenfassung mehrerer oder aller biblischen Bücher möglich.

# (2) Der Kanon der Bibel

Das griechische Wort ist mit dem Begriff des Messens verbunden und hat je nach Anwendung folgende Bedeutung: Meßschnur, Waagebalken; feststehende Regel, Norm; Liste, Tabelle; Richtschnur; Kriterium der Beurteilung. Unter dem biblischen Kanon versteht man die Schriften, die göttliche Autorität besitzen und deshalb von der christlichen Kirche als Maßstab und Richtschnur anerkannt wurden.

Die Einteilung des AT in unserer deutschen Bibel stammt aus der lateinischen Vulgata, die aus der griechischen Septuaginta übersetzt wurde. Die Bücher in der hebräischen Bibel sind hingegen anders gruppiert:

1. Das Gesetz (die fünf Bücher Moses)
2. Die Propheten (frühe Propheten: Josua, Richter, Samuelbücher, Bücher der Könige; späte Propheten: Jesaja, Jeremia, Hesekiel, die Bücher der zwölf „kleinen" Propheten).
3. Die Schriften (Psalmen, Sprüche, Hiob, Hohelied, Ruth, Klagelieder, Prediger, Esther, Daniel, Esra-Nehemia, 1. und 2. Chronik).

Auf diese Dreiteilung in der hebräischen Bibel nimmt Jesus in Lk 24,44 Bezug, wobei er für die Schriften einen Teil davon erwähnt, die Psalmen.

Jesus sagt in Mt 23,35: „... damit über euch komme alles gerechte Blut, das auf der Erde vergossen wurde, von dem Blut Abels, des Gerechten, bis zum Blut Zacharias', des Sohnes Barachjas, den ihr zwischen dem Tempel und dem Altar ermordet habt." Damit meint er alle Märtyrer zur Zeit des AT. Der erste Märtyrer war Abel und der letzte Zacharias, von dem im letzten Buch des AT nach der hebräischen Bibel berichtet wird in 2. Chr 24,20-21.

Das zur Zeit Jesu bekannte AT umfaßt somit alle Bücher, die auch heute im AT enthalten sind. Wenn gegen Ende des 1. Jh.n.Chr. jüdische Führer in Jamnia diese Bücher als kanonisch bezeichneten, dann bestätigen sie damit, was schon früher als Kanon des AT anerkannt worden war.

Josephus, ein bekannter Schreiber des 1. Jh.n.Chr., nennt 22 Bücher (was den 22 Buchstaben des hebräischen Alphabets entspricht), „welche die Aufzeichnungen aller Zeiten enthalten und als göttlich anerkannt werden". Die Juden teilten ihre Bücher nicht gleich ein wie wir. Die 22 von Josephus genannten Bücher entsprechen unseren 39 Büchern. Andere frühere Schreiber stimmen damit überein. Verschiedene Bücher waren zu einem zusammengefaßt.

Zum Kanon des NT erwähnt Petrus in 2. Petr 3,15-16 „alle Briefe" und „die übrigen Schriften". Paulus nimmt in 1. Tim 5,18 Bezug auf „die Schrift" und bezieht sich dabei auf 5. Mo 25,4 und Luk. 10,7. Polycarp (um 115 n.Chr.) nennt apostolische Schriften „die Schrift" und zitiert als solche die Psalmen und den Epheserbrief. Der Märtyrer Justinus (um 148 n.Chr.) berichtet von Versammlungen der Christen: „Man las die Urkunden der Apostel oder die Evangelien vor, zusammen mit den Büchern der Propheten." Das bestätigt die gleichzeitige Anerkennung von AT- und NT-Schriften.

Alle NT-Schriften sind vor dem Ende des 1. Jh. geschrieben worden. Im Laufe des 2. Jh. wurden sie überall verbreitet, gelesen und erklärt. Es brauchte jedoch einige Zeit, bis jedes einzelne Buch als zum Kanon gehörend anerkannt wurde. Die Anerkennung war notwendig für den Gottesdienst, aber auch für die Auseinandersetzung mit den Irrlehrern. Die zu prüfenden

Schriften mußten aus dem Kreis der Apostel stammen (Mitarbeiter, Gefährten, Schüler) und durch ihr Ansehen gedeckt sein.

Vom 2. Jh. an waren etwa sieben Achtel des NT-Textes allgemein anerkannt. Bezüglich des Hebräerbriefes, der Offenbarung und zuletzt bezüglich fünf kleinerer Briefe (Jak; 2. Petr; 2. u. 3. Jo; Jud) bestanden länger Zweifel. Erst das 3. Konzil von Carthago im Jahr 397 ordnete an, daß diese Schriften als „göttliche Schriften" gelesen werden sollen.

Halten wir jedoch abschließend fest: Die Schriften des AT und des NT sind nicht erst mit der Anerkennung durch Menschen und Konzilien zu göttlichen Schriften geworden. Sie sind durch göttliche Offenbarung und Inspiration der Verfasser entstanden. Der Heilige Geist hat auch darüber gewacht, daß im Verlauf der Kanonbildung die inspirierten Schriften als solche anerkannt und die übrigen ausgeschieden wurden. Nicht die Kirche befindet darüber, was göttlicher Autorität entspricht. Sie hat sich *unter* die Autorität der Schrift zu stellen, wenn sie Gemeinde des lebendigen Gottes sein will.

Die Kanonbildung ist letztlich ein Geheimnis wie die Entstehung der Schriften selbst. Es führt uns zum Staunen und in die Anbetung, wenn wir die Übereinstimmung, Zusammengehörigkeit, Harmonie und gegenseitige Ergänzung dieser Schriften erkennen, die doch von Verfassern aus verschiedenen Berufen, Schichten und Kulturepochen in einem Zeitraum von über 1500 Jahren zusammengetragen wurden. Sie zeugen von *einem* Gott, von *einem* göttlichen Plan, von vielen *Verheißungen* und zugleich von deren *Erfüllung*. Wie viele haben sich bis heute erfüllt! Und alle Schreiber, die teilweise aus verschiedenen Zeitepochen stammen, bezeugen *eine* Lehre und deren fortschreitende Offenbarung. Die

Geschichte des Volkes Israel, wie sie sich in unserer Generation vor unseren Augen abspielt, ist ein weiterer stichhaltiger Beweis für die Echtheit und Zuverlässigkeit der ganzen Heiligen Schrift.

**Die Apokryphen** nennt man religiöse jüdische Bücher. Der Name bedeutet „die Verborgenen". Sie sind zwischen dem 2. Jh.v.Chr. und dem 1. od. 2. Jh.n.Chr. entstanden und haben nie zum hebräischen AT gehört. Die Juden waren überzeugt, daß nach Maleachi, den sie „das Siegel der Propheten" nannten, keine inspirierten Bücher mehr erschienen. Die Apokryphen kommen in keinem masoretischen* Text vor. Weder Jesus und die Apostel noch die neutestamentlichen Schreiber beziehen sich auf eine Lehre oder einen Vorfall aus den Apokryphen.

Auch die beiden jüdischen Schreiber des 1. Jh., Josephus und Philo, und das jüdische Konzil in Jamnia (um 90 n.Chr.) akzeptierten diese Bücher nicht als Heilige Schrift, auch Origenes nicht. Hieronymus hat sie seiner lateinischen Übersetzung, der Vulgata, beigefügt, jedoch auf den offensichtlichen Unterschied zu den kanonischen Büchern hinsichtlich der Inspiration und der geistlichen Bedeutung aufmerksam gemacht. Die Reformatoren unterschieden den Text des AT deutlich von den Apokryphen.

Die Römische Kirche hingegen erließ 1546 auf dem Konzil zu Trient folgendes Dekret: „Wer diese ganzen Bücher nicht in allen Teilen als heilig und kanonisch annimmt, ... sei verflucht." Damit wird Hieronymus selbst und die eindeutige Einstellung der jüdischen Synagoge verworfen.

---

* s. Seite 27 u. 33

Die Apokryphen gehören nicht zum biblischen Kanon. Sie enthalten Legenden, offensichtliche Irrtümer und stehen teilweise im Widerspruch zu den biblischen Heilswahrheiten.

# (3) Inspiration der Bibel

Wir haben bereits auf Jer 36,2 hingewiesen und festgehalten: Das Reden Gottes geht voraus. Gott „offenbart“ sich dem Menschen. Unter „Inspiration“ verstehen wir den Einfluß des Heiligen Geistes auf die Verfasser der biblischen Bücher, der sie leitete bis in die Wahl der Ausdrücke und Worte hinein, so daß die niedergeschriebene Botschaft in allen Teilen wahr und in Übereinstimmung mit der göttlichen Offenbarung ist. Inspiration wurde den Verfassern biblischer Bücher auch dann zuteil, wenn sie Tatsachen und Ereignisse aufschrieben, die ihnen ohne besondere Offenbarung schon bekannt waren.

Das hat jedoch nichts mit „mechanischem Diktat“ unter Ausschaltung des Übermittlers zu tun – wie bei einem Tonband, das eine aufgenommene Botschaft weitergibt. Gott hat die Individualität der Verfasser nicht ausgeschaltet. In ihren Schriften erkennt man ihre Persönlichkeit, ihren Stil, ihr Temperament, ihre Herkunft. Ihre Schriften spiegeln die jeweilige Zeitepoche wider. Die Verfasser waren zudem als Menschen auch nicht fehlerlos. Petrus täuschte sich z.B. Jesus gegenüber und in Antiochia (Mt 16,22-23; Gal 2,11-13), nicht aber, wenn er, inspiriert durch Gottes Geist, Gottes Wort niederschrieb.

Schon Mose wußte, daß er Gottes Worte überlieferte (2. Mo 24,4.7.12), und Gott bestätigte es (2. Mo 34,27). Jesus selbst sagt: „... denn die Worte, die du mir gegeben hast, habe ich ihnen gegeben“ (Joh 17,8). Johannes schreibt: „Der, den Gott gesandt hat, redet die Worte Gottes“ (Joh 3,34). Von den Korinthern wurde erwartet, daß sie das, was ihnen Paulus schrieb, als „Gebot des Herrn“ annehmen würden (1. Kor 14,37). Die Apostel waren mit göttlicher Autorität ausgerüstet: „Denn niemals wurde eine Weissagung durch den Willen eines Menschen hervorgebracht, sondern von Gott her redeten Menschen, getrieben vom Heiligen Geist“ (2. Petr 1,21).

„Alle Schrift ist von Gott eingegeben“ (2. Tim 3,16). Deshalb hat sich auch Jesus selbst immer wieder auf die Schrift berufen: „Es steht geschrieben ...“ Sie ist in allen ihren Aussagen völlig zuverlässig. Der Psalmist ruft aus: „Alle deine Gebote sind Wahrheit ... Die Summe deines Wortes ist Wahrheit ...“ (Ps 119,151.160). Jesus selbst wußte als Gottes Sohn am besten Bescheid. Sein Zeugnis: „Bis der Himmel und die Erde vergehen, soll auch nicht *ein* Jota oder *ein* Strichlein von dem Gesetz vergehen, bis alles geschehen ist“ (Mt 5,18).

Der Urtext ist von Gott eingegeben. Gott wußte jedoch besser als jeder Mensch um die Persönlichkeit der Verfasser und um die Unklarheiten und verschiedenen Lesarten, die mit der Überlieferungsgeschichte der Handschriften im Zusammenhang stehen. Trotzdem finden wir in der Heiligen Schrift keine Hinweise auf Einschränkungen für spätere Generationen. Die mit der Überlieferungsgeschichte verbundenen Probleme ändern nicht das Geringste an der uneingeschränkten Vertrauenswürdigkeit der ganzen Heiligen Schrift in allen ihren Aussagen – ob wir das nun verstehen können oder nicht. „Denn das Törichte Gottes ist weiser als die Menschen“ (1. Kor 1,25).

# (4) Überlieferung der Bibel

Originalschriften des AT und NT sind nicht mehr vorhanden. Wir sind deshalb auf Abschriften und Übersetzungen angewiesen. In beiden Fällen handelt es sich bis zur Erfindung der Buchdruckerkunst um Handschriften.

Warum haben weder die Originalschriften noch die meisten älteren Handschriften die Zeit überdauert? Durch ständigen Gebrauch und durch das Klima wurden die Schriften abgenutzt und unbrauchbar. Die starke Absonderung, in der die Juden den anderen Völkern gegenüber lebten, trug ebenfalls dazu bei, daß ihre Schriften wenig bekannt wurden. Die Juden selbst haben außer Gebrauch gekommene Handschriften beseitigt. So sehr sie aus heiliger Ehrfurcht vor Gottes Wort für möglichst sorgfältige Abschriften besorgt waren, so entschieden haben sie aus dem gleichen Beweggrund unbrauchbare Handschriften beseitigt, um sie nicht in die Hände Unbefugter kommen zu lassen.

Der heutige hebräische Text des AT wird „masoretischer" Text genannt, weil er auf die Überlieferungstätigkeit jüdischer Gelehrter (Masoreten) zurückgeht. Ihre Aufgabe war es, den hebräischen Text zu reinigen und den inspirierten Text festzustellen. Sie stützten sich dabei auf den um 90 n.Chr. auf der Synode zu Jamnia anerkannten Text. Dem Text der heutigen hebräischen Bibel liegt eine Handschrift zugrunde – der Kodex von Leningrad – die im Jahre 1008 abgeschrieben wurde und in Leningrad aufbewahrt wird. Dies ist die älteste datierbare Handschrift, die den vollständigen Grundtext des AT enthält. Der älteste datierte Kodex, der nur die Propheten umfaßt, stammt aus dem Jahre 895 n.Chr.

Aus dem 6.-8. Jh. sind im 19. Jh. zahlreiche Fragmente gefunden worden. Die meisten Handschriften stammen jedoch aus späterer Zeit. Die umfangreichste und wertvollste Sammlung befindet sich in der Russischen Öffentlichen Bibliothek in Leningrad. Von größter Bedeutung in der neueren Geschichte des AT-Textes sind die seit 1947 in den Höhlen von Qumran am Toten Meer gefundenen alttestamentlichen Schriftrollen. Deren älteste ist 1000 Jahre älter als die bisher bekannten überlieferten Texte. Sie enthält den hebräischen Text des Buches Jesaja und ist in vorzüglichem Zustand.

Die Bücher des NT wurden schon sehr früh abgeschrieben und zwar auf Papyrus, das allgemein benutzt wurde, aber nicht sehr dauerhaft war. Mit der Ausbreitung des Christentums wurden auch viele Abschriften für die verschiedenen Gemeinden benötigt. Handelte es sich anfänglich um private Abschreiber, so entstanden später Skriptorien, d.h. Schreibwerkstätten, in denen mehrere Schreiber einen vorgelesenen Text gleichzeitig abschrieben.

Die ältesten und wichtigsten Pergament-Handschriften sind in Unzialbuchstaben (Buchschrift in Großbuchstaben) geschrieben. Folgende gelten als die besten:

Der „Codex Sinaiticus" stammt aus dem 4. Jh. und enthält das NT vollständig und Teile aus dem AT in griechisch.

Der „Codex Vaticanus" stammt ebenfalls aus dem 4. Jh. und enthält fast das ganze AT und einen großen Teil des NT in griechisch.

Der „Codex Alexandrinus" aus dem 5. Jh. enthält beide Testamente, ist aber an manchen Stellen schadhaft.

Ebenfalls aus dem 5. Jh. stammt der „Codex Ephraemi". Er enthält mehr als die Hälfte des NT. Der Pergament-Codex wurde im 12. Jh. abgeschabt, um die Blätter für Werke des syrischen Kirchenlehrers Ephraem benützen zu können. Die alte Schrift ist jedoch neben der neuen noch zu erkennen.

Von den Papyri stammen „nur“ einige Dutzend aus den ersten vier Jahrhunderten. Dabei handelt es sich ebenfalls um Majuskel-Schriften (Großbuchstaben).

Minuskel-Handschriften (Kleinbuchstaben) sind nicht vor dem 9. Jh. entstanden.

Unser Jahrhundert hat besonders wertvolle Entdekkungen gebracht. Eine hebräische Papyrus-Handschrift ist nach Walter L. Nash benannt, der den Papyrus 1902 in Ägypten erwerben konnte. Es ist ein einziges Blatt, das die zehn Gebote enthält und wohl vor 70 n.Chr. geschrieben wurde.

1930 wurde in einer trockenen Gegend am Nilufer ein Bündel Papyri gefunden, die zum größten Teil der Engländer Chester Beatty erwarb. Sie enthielten 126 Blätter mit neutestamentlichen Texten, die etwa 200 Jahre n.Chr. geschrieben wurden. Schon 1920 waren Papyrusreste aus Ägypten nach England gelangt, wovon jedoch erst 1934 bei erneuter Durchsicht ein 6 x 9 cm großer Fetzen auffiel, der etwa aus dem Jahre 125 n.Chr. stammt und Ausschnitte aus dem Johannes-Evangelium enthält.

1952 wurde die älteste größere Handschrift des NT bekannt. Sie wird „Codex Bodmer II“ genannt und stammt aus der Zeit um 200 n.Chr. Etwa zwei Drittel des Johannes-Evangeliums sind ausgezeichnet erhalten.

Neben den Text-Handschriften, die den Text in ununterbrochener Reihenfolge bieten, sind auch die „Lektionare“ zu erwähnen. Das sind Handschriften, die den Text der NT-Bücher in der Reihenfolge bringen, die durch die Leseordnung der Kirche vorgeschrieben war.

Von den Kirchenvätern, die Ende des 1. Jh. und zu Beginn des 2. Jh. lebten, sind uns ebenfalls wertvolle Schriften erhalten geblieben. Ihr Wert besteht vor allem darin, daß sie buchstäblich gefüllt sind mit Zitaten aus dem NT.

Einige Übersetzungen sind sehr wichtig und zum Teil älter als die erhaltenen Abschriften in der Originalsprache.

Die „Septuaginta" wurde um 250 v.Chr. geschrieben. Sie enthält das AT in griechisch. Im 1. Jh.n.Chr. waren auch noch andere griechische Übersetzungen des AT im Gebrauch. Die Vielfalt der lateinischen NT-Handschriften seit etwa Ende des 2. Jh. führte Ende des 4. Jh. zur Überarbeitung durch Hieronymus. Das AT hat er neu aus dem Hebräischen übersetzt. Diese lateinische Übersetzung – die Standard-Bibel des Westens für 1000 Jahre – erhielt im 16. Jh. den Namen „Vulgata", d.h. „die allgemein Verbreitete". Sie ist seit dem Konzil zu Trient bis heute verbindlicher Text der römisch-katholischen Kirche.

Von den syrischen Übersetzungen des NT enthält die „Peschitta" vom Anfang des 5. Jh. den am besten überlieferten Text. Zu den alten Übersetzungen des NT zählen auch Übersetzungen in die koptische, armenische, georgische, äthiopische und gotische Sprache.

Im Prinzip teilt man die Textzeugen in drei Textarten ein: Unter *„freien Texten"* versteht man Handschriften, die einen mit der Vorlage verhältnismäßig frei schaltenden Text aufweisen. Der *„Normaltext"* ist durch eine relativ getreue Überlieferung gekennzeichnet, mit gelegentlichen Abweichungen. Das trifft auch auf die großen Handschriften zu, die bei der Vereinigung der Texte bis zum 4. Jh. entstanden sind. Die *„festen"* Texte weisen eine Überlieferung mit nur gelegentlichen Abweichungen auf. Bei diesen Texten ist auch von übereinstimmenden Textzeugen und von großer Überlieferungstreue der Texte die Rede. Von „frühen“ Texten spricht man bei Handschriften aus der Zeit bis zum 3./4. Jh.

Die Gliederung der neutestamentlichen Handschriften nach Jahrhunderten zeigt, daß wohl Dutzende von Handschriften aus dem 1.-4. Jh. vorhanden sind, das Ansteigen der Anzahl Handschriften im 11.-14. Jh. jedoch besonders deutlich ist. Auch bei den Lektionaren stammen die meisten Handschriften aus dieser Zeit. ([1])*

Ein Rückschluß auf die in den einzelnen Jahrhunderten entstandenen Handschriften ist jedoch nur bedingt möglich, da in Zeiten der Christenverfolgung viel mehr Handschriften vernichtet wurden als in Friedenszeiten.

* siehe Literaturnachweis Seite 251

# (5) Wiederherstellung des Grundtextes

Die handschriftliche Überlieferung der Textzeugen und die Notwendigkeit oftmaligen Abschreibens führte zu mancherlei Übertragungsfehlern. Bei der Benützung verwitterter oder sonst geschädigter Vorlagen war ebenfalls mit Fehlern zu rechnen.

Der hebräische Text des AT war viele Jahrhunderte lang nur als Konsonantentext im Umlauf. Majuskeln waren ohne Zwischenraum aneinandergereiht. Da sich einzelne Buchstaben des hebräischen Alphabets sehr ähnlich sind, boten sich Verwechslungsmöglichkeiten. Irrtümer durch Auslassen, zum Text gezählte ursprüngliche Randbemerkungen und Ermüdung beim Abschreiben waren nicht auszuschließen. Dies alles ist bei der langen Entstehungs- und Überlieferungsgeschichte, der Vielfalt der überlieferten Texte, den verschiedenen Sprachen und Zeitepochen, die hier mit hineinspielen, nichts Besonderes.

Die Zerstreuung des jüdischen Volkes hatte auch eine zunehmende Anpassung zur Folge, so daß die Zahl jener Priester, die in den Gottesdiensten fehlerfrei hebräische Texte lesen und sprechen konnten, abnahm. Jüdische Gelehrte begannen nun, die fehlenden Vokale durch Punkte und Zeichen über oder unter den Konsonanten zu ersetzen. Der Text war ihnen zu heilig, als daß sie etwas hinzugefügt oder weggenommen hätten. Sie wollten ihn bewahren. Deshalb zählten sie die Buchstaben und berechneten, welches Wort, welcher Buchstabe jeweils in der Mitte war. Spätere Textveränderungen wurden dadurch beim Nachzählen sichtbar. Erläuternde Randbemerkungen nannte man „Masora". Das führte zur Bezeichnung dieser auf Bewahrung des ursprünglichen Textes bedachten jüdischen Gelehrten als „Masoreten".

Dieses ernsthafte Bemühen zur Erhaltung und Wiederherstellung des Grundtextes finden wir während der ganzen Überlieferungsgeschichte. Auch die griechischen Handschriften der ersten Zeit kannten nur Majuskeln, die ohne Zwischenraum aneinandergereiht waren. Die Ablehnung der Bitte der Zebedäussöhne um das Sitzen zur Rechten Gottes (Mk 10,40) z.B. besteht in den Majuskelhandschriften aus 67 aneinandergereihten Majuskeln. Durch verschiedene Worttrennung kann man hier zu einem unterschiedlichen Text kommen. Mit Auslassungen, Fehlern, nachträglichen Zusätzen usw. war bei den neutestamentlichen Texten ebenfalls zu rechnen. Bei den vielen Textformen während der ersten Jahrhunderte drängte sich das Herausarbeiten einheitlicher Standardtexte geradezu auf.

In den letzten Jahrhunderten kam der Wissenschaft der „Textkritik" immer größere Bedeutung zu. Als wissenschaftliche Disziplin betrieben, geht es dabei jedoch nicht um „Kritik am Text", sondern um die kritische Beurteilung des Textes, um „Textforschung, Textklärung, Textfindung, Textwiederherstellung".

Die wissenschaftliche Textforschung hat im Laufe der Zeit Grundregeln entwickelt wie z.B. die folgenden: Die Prüfung der handschriftlichen Überlieferung hat Vorrang. Die Handschriften sind nicht zu zählen, sondern entsprechend ihrer Vertrauenswürdigkeit und ihrer spezifischen Eigenarten zu berücksichtigen. Nur *eine* Lesart kann die ursprüngliche sein. Varianten dürfen nicht isoliert behandelt, sondern müssen stets im Zusammenhang des Kontextes und der Überlieferung beachtet werden. Nicht mechanisch angewendet werden dürfen z.B. die Grundregeln, wonach die schwierigere Lesart als die ursprüngliche vorzuziehen ist oder diejenige, wonach die kürzere Lesart zu wählen sei, weil die längere auf eine spätere Datierung schließen lasse. Stimmt eine Aussage nicht mit der alt- oder neutestamentlichen Umwelt der Entstehungszeit überein (kultur-, zeit- oder religionsgeschichtlich), so könnten nachträgliche Änderungen am Text oder Zufügungen zum Text vorliegen. Gerade hier erreichen wir jedoch die Grenzen der sauberen Textforschung. Wir werden im Zusammenhang mit der historisch-kritischen Forschung darauf zu sprechen kommen.

# (6) Schlußfolgerungen

Was war der tiefste Beweggrund für dieses vielfältige und aufopfernde Bemühen um den biblischen Text in all den vergangenen Jahrhunderten? E. Würthwein schreibt treffend: „Gewiß nicht das Interesse an einer ehrwürdigen Reliquie, die man ihres Alters wegen zu konservieren trachtete: wie viele Literatur, die ebenso alt war und älter als das Alte und Neue Testament, ist untergegangen, und nur dürftige Nachrichten und gelegentliche glückliche Funde von Überresten zeugen von ihrer einstigen Existenz. Es war ein anderes, das dazu veranlaßte, sich immer wieder mit der Bibel zu beschäftigen und dafür zu sorgen, daß sie Zeitgenossen und Nachfahren erhalten blieb: die Erkenntnis ihrer Bedeutung für jede Gegenwart, das Wissen darum, daß hier die Quelle des Lebens fließt, weil Gott selber in ihr spricht." ([2])

Ein Vergleich alttestamentlicher Handschriften mit dem masoretischen Text bestätigt die fast völlige Übereinstimmung und damit Zuverlässigkeit.

Die Bibel ist auch bei weitem das am besten überlieferte Buch des ganzen Altertums. Neben Tausenden von Handschriften und Lektionaren stehen etwa 1000 alte Übersetzungen des NT, und man schätzt, daß es allein von der Vulgata mindestens 8000 lateinische Handschriften gibt. In den Werken der Kirchenväter finden sich zudem zahlreiche neutestamentliche Belegstellen, vorwiegend in griechisch. Man hat bei Irenäus, Origenes, Tertullian und Eusebius zusammen deren 32000 gezählt. Zweifellos haben viele davon den ursprünglichen Text bewahrt. ([3])

Vergleichshalber sei erwähnt, daß die griechischen Werke der Antike unendlich schwächer überliefert sind und 900 bis 1400 Jahre nach den entsprechenden Ereignissen geschrieben wurden. Trotzdem zweifelt niemand an deren Echtheit. Wieviel weniger sind Zweifel an der Echtheit biblischer Dokumente angebracht: Für das AT reicht die älteste Qumran-Rolle bis in die vorchristliche Zeit zurück. Die ältesten neutestamentlichen Textzeugen wurden wenige Jahrzehnte beziehungsweise etwas mehr als zwei Jahrhunderte nach der apostolischen Zeit geschrieben.

Noch ein Wort zu den Varianten des NT. R. Pache zitiert Ph. Schaff: „Die große Zahl der Varianten des griechischen Textes muß keinen Christen überraschen oder beunruhigen. Sie sind das Ergebnis der reichen Fülle von unseren Urkunden-Quellen. Sie sind ein Zeugnis von der ungeheuren Bedeutung des Neuen Testamentes. Sie beeinträchtigen seine Gültigkeit keineswegs, sondern sie verstärken sie. Ihre Erforschung ist recht nützlich und anregend. Von den 150000 Varianten haben es nur 400 mit dem Sinn zu tun. Unter diesen haben nur 50 aus irgendeinem Grund eine gewisse Bedeutung, aber auch diese 50 betreffen nicht einen Glaubensartikel oder eine sittliche Vorschrift, die nicht auf andere ganz klare Stellen oder auf die Gesamtheit der christlichen Lehre gegründet sind." ([4]) Nach Gaussen enthalten von 7959 Versen höchstens 10 Unterschiede von inhaltlichem Wert. ([5])

Heute sind vor allem das „Greek New Testament" und das „Novum Testamentum graece" von Nestle-Aland maßgebend. Beide Ausgaben haben denselben Text, weisen jedoch Unterschiede in der Anlage und im „kritischen Apparat" (Angaben zum Handschriftenbefund) auf.

K. Aland schreibt zu diesen beiden Ausgaben: „... alle früheren Ausgaben befinden sich weit hinter dem heutigen Erkenntnisstand, und zwar nicht nur, was den kritischen Apparat, sondern vor allem, was den Text anbetrifft. Erst in der dritten Ausgabe des Greek New Testament wie in der 26. Ausgabe des Nestle-Aland ist das erreicht, was man heute weithin als „Standard-Text“ bezeichnet. Dieser Text kommt – wenigstens nach Meinung der fünf Herausgeber – dem des ursprünglichen Neuen Testaments so nahe, wie das irgend möglich ist.“ ([6])

Wir dürfen uns also voll und ganz auf die heutige Bibel in den Originalsprachen verlassen!

# (7) Übersetzungsgrundsätze

Der natürliche Mensch ist getrennt von Gott. Er kann Gott nicht erkennen. Gott selbst muß sich offenbaren, damit wir ihn fassen und finden können. Das hat er getan: „Denn so sehr hat Gott die Welt geliebt, daß er seinen eingeborenen Sohn gab, damit jeder, der an ihn glaubt, ewiges Leben habe“ (Joh 3,16). Die ganze Heilige Schrift zeugt von Gottes Heilsplan. Jesus Christus spricht: „Ich bin der Weg und die Wahrheit und das Leben. Niemand kommt zum Vater als nur durch mich“ (Joh 14,6). Gottes Angebot heißt Liebe, Annahme, Vergebung durch Jesus Christus; Neuwerdung, Veränderung, Lebenserfüllung, Vollendung; Gemeinschaft mit ihm heute und in Ewigkeit. Das ist die persönliche Botschaft des inspirierten Gotteswortes an jeden einzelnen Menschen – neben den vielen anderen Offenbarungen, Tatsachen und Mitteilungen, die Gott aufschreiben ließ.

Aus dieser biblischen Sicht wird klar, was allein zählt: daß diese herrliche Botschaft genau so, wie sie aus dem liebenden Herzen Gottes kommt, Menschenherzen erreichen, berühren, treffen und verändern kann. Gott will, „daß alle Menschen errettet werden und zur Erkenntnis der Wahrheit kommen“ (1. Tim 2,4). Das gilt für alle Sprachen und Kulturen und Zeitepochen. Da uns Gott sein Wort geschenkt hat, vermag es auch sein Ziel zu erreichen, trotz aller mit der Überlieferung verbundenen Probleme (Jes 55,11). Zum Gedächtnis für spätere Generationen schrieb Mose Gottes Wort auf (2. Mo 17,14), und zur Mahnung für uns, „über die das Ende der Zeitalter gekommen ist“, sind frühere Ereignisse aufgeschrieben worden (1. Kor 10,11). Im Mittelpunkt steht das „Aufgeschriebene“, nicht unsere menschliche Überlegung.

Aufgrund der Inspiration der Bibel wird klar, daß für die Übersetzungsarbeit der zuverlässigste uns zur Verfügung stehende Grundtext maßgebend ist. Deshalb der Wunsch nach „wörtlicher“ Übersetzung, um dadurch die größtmögliche Nähe zum Grundtext zu bewahren. Das wird am ausgeprägtesten mit der konkordanten Methode versucht.

Dabei steht für jedes Wort im Grundtext immer das gleiche deutsche Wort. Deutsche Parallelstellen weisen dann auch immer auf dasselbe griechische Wort im NT hin. Im Idealfall könnte man somit Begriffsbestimmungen und Zusammenhänge mit Hilfe der konkordanten Übersetzung genauso gründlich erarbeiten wie im griechischen NT. Dieser Idealfall trifft jedoch nicht zu, weil sich die Bedeutung der einzelnen Wörter in den verschiedenen Sprachen nicht deckt. Blättert man in einem deutschen Wörterbuch, so sieht man, daß fast jedes deutsche Wort verschiedene Bedeutungen hat. Sucht man dann zu den verschiedenen Bedeutungen eines deutschen Wortes die fremdsprachliche Entsprechung, so stellt sich heraus, daß fast jede Bedeutung durch ein anderes fremdsprachliches Wort wiedergegeben wird. Auch entspricht die Anzahl der Bedeutungen eines deutschen Wortes in keiner Weise der Anzahl der Bedeutungen in der Fremdsprache.

A. Symank stellt fest, daß das hebräische „amar“ gewöhnlich mit „sprechen“, „sagen“, übersetzt wird. Es könne jedoch auch „fragen“, „entgegnen“, „erwidern“, „antworten“, „befehlen“ u.ä. bedeuten, je nach Textzusammenhang. Wer „amar“ verschieden übersetze, bewahre die inhaltliche Genauigkeit und Vielfalt des Grundtextes besser, als eine streng konkordante Übersetzung dies bieten könne. Der hebräische Artikel „ha“

entspreche nur teilweise unserem „der“, „die“, „das“. Er werde oft gesetzt für „ein“, „mein“, „dieser“. In diesen und ähnlichen Fällen sei selbstverständlich der Textzusammenhang besonders zu beachten. Sprachgefühl und geistliches Verständnis seien ebenfalls notwendig ([7]). Die konsequente Anwendung der konkordanten Methode engt die Bedeutung ein.

Das konkordante Prinzip behält auch den Satzbau der Originalsprachen bei, um dadurch noch enger bei der Ausdruckskraft des Grundtextes zu bleiben. Doch auch hier gilt, wie für einzelne Wörter und besondere sprachgebundene Ausdrücke: Die deutschen Entsprechungen decken sich nicht.

Die Übersetzung des AT von Martin Buber hat ein besonderes Gepräge: Sie will die hebräische Sprachgewalt zum Klingen bringen. Rhythmus und Ausdruckskraft des gesprochenen Hebräisch sind mitbestimmend für die Wirkung des Textes auf den Hörer. Buber will nicht in erster Linie verständliche Botschaft vermitteln, sondern den heutigen Leser zurückversetzen, ihn unter den Einfluß damaliger Sprachgewalt bringen. Für Buber ist die Bewahrung von Form und Gestalt mündlicher Ausdruckskraft alttestamentlicher Texte so unbedingt notwendig wie die Vermittlung des Inhalts. Seine Sprachschöpfungen sind oft beeindruckend. Wer sich jedoch nicht ganz intensiv mit dieser Übersetzung, ihren Grundlagen und ihrem Ziel befaßt, wird den Zugang nicht finden und bleibt überfordert.

Als letztes Beispiel aus der Gruppe der „formal genauen“ Übersetzungen sei die Elberfelder Übersetzung erwähnt. Hier gilt der Grundsatz einer möglichst genauen, wortnahen und absolut zuverlässigen Übersetzung.

Formal-wörtlich richtig übersetzt die Elberfelder (nicht revidiert) in 1. Mo 24,8: „Wenn aber das Weib dir nicht folgen will, so bist du dieses meines Eides ledig". Das „meines Eides" kann nur verstanden werden als Eid, den Abraham (er spricht hier) geschworen hat. Gemeint ist jedoch der Eid seines Knechtes. Die formal genaue Übersetzung aus dem Hebräischen kann heißen „der *von mir* geschworene Eid" oder „der *mir* geschworene Eid". „Mein" Eid kann im Deutschen jedoch nur in der ersten Bedeutung übersetzt werden. Die Konkordante Übersetzung weist denselben Fehler auf, während die ebenfalls zu dieser Gruppe gehörende „Neue-Welt-Übersetzung" richtig übersetzt heißt: „von diesem mir geleisteten Eid".

Ein weiteres Beispiel aus Gal 2,16: Die konkordante Formulierung lautet „gerechtfertigt ... nur durch den Glauben Christi Jesu". Die Neue-Welt-Übersetzung übersetzt: „gerechtgesprochen ... nur durch Glauben gegenüber Christus Jesus". Vom Griechischen aus sind beide Formulierungen möglich. Auch eine noch so formal treue und grundtextnahe Übersetzung kann nicht den Anspruch erheben, deshalb völlig frei von Bedeutungseinengungen und -verschiebungen zu sein. Die Elberfelder-Bibel bietet in Gal 2,16 im Text selbst „nur durch den Glauben an Christus Jesus" und als Fußnote „o. Christi Jesu", also beide Möglichkeiten. Das entspricht dem eigentlichen Anliegen dieser Gruppe am besten. (vgl. [8])

Bei einer größeren Zahl von Übersetzungen steht der Grundsatz der Worttreue nicht im selben Ausmaß im Vordergrund wie bei den bisher erwähnten. Formale Abweichungen sind eher erlaubt. Zentrales Anliegen ist die sprachwissenschaftliche Genauigkeit. Gleichzeitig wird vermehrt auf gute Verständlichkeit geachtet. Hier sind, unabhängig von der theologischen Grundhaltung, Menge, Zürcher, Einheitsübersetzung, Wilckens u.a. zu nennen.

In dieser Auseinandersetzung zwischen formal genauer Übersetzung, grundtexttreuer Wiedergabe und bestmöglicher Verständlichkeit stand auch Luther. Seine Nähe zum Wortlaut im Grundtext äußerte er u.a. wie folgt: „Ich habe mich andrerseits nicht in allzu freier Weise vom Buchstaben entfernt. Ich habe lieber der deutschen Sprache Abbruch tun als vom Wortlaut weichen wollen." Die beabsichtigte Texttreue und die Verständlichkeit erwähnt er ebenfalls: „Wir haben den Fleiß fürgewandt, daß wir deutliche und jedermann verständliche Rede geben mit unverfälschtem Sinn und Verstand."

Weiter schreibt Luther: „Wer deutsch reden will, der muß nicht die Weise der hebräischen Worte führen, sondern muß darauf sehen, wenn er den hebräischen Schreiber versteht, daß er den Sinn versteht, und denke lieber: Wie redet der deutsche Mann in solchem Falle? Wenn er nun die deutschen Worte hat, die hierzu dienen, so lasse er die hebräischen Worte fahren und spreche frei den Sinn heraus aufs beste Deutsch, das er kann."

Luther will den Grundtext sinngemäß genau wiedergeben, übersetzt aber nicht konkordant. Er erstrebt bestmögliche Verständlichkeit für den Empfänger, gibt aber auf keinen Fall den Inhalt preis. Luther bemüht sich um eine zuverlässige Übersetzung aus dem Grundtext, übersetzt aber zugleich aus der persönlichen Begegnung mit dem Wort heraus. Wort Gottes und Geist Gottes gehören zusammen.

A. Symank schreibt: „Die Gewalt und Schönheit dieser Sprache steht über jedem Zweifel und kommt vielleicht von allen Übersetzungen der Klarheit, Majestät, Wucht und Prägnanz des Hebräischen und Griechischen am nächsten. (Von F. Oetinger stammt die berühmte Bemerkung, die Lutherbibel habe den ‚Kanzleistil des Heiligen Geistes')".([9]) Die wesentlichen Anliegen eines Bibelübersetzers sind bei Luther vielleicht am klarsten vereinigt, obwohl eine sprachwissenschaftlich zuverlässige Arbeit noch nicht möglich war.

Später hat sich u.a. Johann Albrecht Bengel für seine Übersetzung des NT (Erstausgabe 1753) um einen genaueren Grundtext bemüht, als er Luther zur Verfügung stand. Im Vorwort seiner Übersetzung erwähnt er einige Grundsätze seiner Übersetzungsarbeit mit Anmerkungen, die höchst interessant sind:

1. Eine Übersetzung muß sich auf einen genau revidierten Originaltext gründen.

2. Eine Übersetzung muß dem Leser in seiner Seele und deren innersten Kräften eben den Eindruck in der Hauptsache und, soviel möglich, in allen, auch kleinsten, Nebensachen geben wie das Original selbst; es mag wichtige Punkte, den Glauben, die Liebe, die Hoffnung; oder Historien und deren Umstände; oder die allerzartesten Gemütsregungen und dergleichen betreffen. In Summa, sie muß sein wie ein vollkommenes Abbild. Die einzige wesentliche Eigenschaft einer Übersetzung ist die Ähnlichkeit mit dem Original. Man muß nichts dazusetzen, nichts zurücksetzen, nichts anders setzen, sondern übersetzen ... muß er doch bei der eigentlichen Bedeutung bleiben, dieselbe aber nicht nur im Griechischen, sondern auch im Deutschen beobachten.

3. Eine Übersetzung darf nicht dunkler, aber auch nicht deutlicher; nicht schwächer, aber auch nicht heftiger; nicht härter, aber auch nicht zierlicher sein als das Original. Sonst wird entweder dem göttlichen Sinn eines Apostels etwas genommen; oder durch den menschlichen Sinn des Übersetzers wird etwas hinzugetan. Dies ist noch mißlicher als jenes ...

4. Eine Übersetzung muß bei uns nicht undeutsch, sie darf aber auch nicht gar zu deutsch sein ... Und wir sol-

len eine solche Mäßigung treffen, daß wir uns an die majestätische Einfalt des heiligen Originals gewöhnen; und dieses nicht nach unserer weltlichen Sprachweise, es koste, was es wolle, beugen.

5. Eine Übersetzung soll lauter und mit anderen Sprachen auf das sparsamste vermengt sein."

Die Grundsätze 6-9 enthalten sprachwissenschaftliche Ratschläge, die uns hier nicht beschäftigen.

Zur Übersetzung Luthers stellte Bengel u.a. fest: „1. Er hat einen nicht gar reinen und lauteren Grundtext vor sich gehabt ... 2. Die eigentliche Bedeutung vieler griechischen Redensarten ... und vieler Antiquitäten ... hat man erst hernach entdeckt. 3. Viele deutsche Redensarten, deren er sich bedient, sind indessen unverständlich geworden. Die deutsche Sprache hat sich in vielem geändert, da man sich denn bei einer neuen Übersetzung billig in die Zeit schicken soll. 4. Die Ordnung der Wörter, den Artikel, die Partikel und manches andere, daran oft viel gelegen, hat er nicht allezeit beobachtet ... Die Mängel nun soll ein neuer Übersetzer zum Anlaß nehmen, es besser zu machen; den Tugenden aber nachfolgen ..."

Einige „Tugenden" der Lutherübersetzung wurden erwähnt. Die Behebung von Mängeln gab hingegen mehr zu reden und zu schreiben – bis heute! Bibelrevisionen führen zu vielerlei Problemen, was gerade am Beispiel der Lutherbibel deutlich wird:

Im 18. Jh. waren viele verschieden revidierte Lutherbibeln im Umlauf. Der Versuch des Freiherrn von Canstein, die Lutherbibel unter das Volk zu bringen, führte zur „Vorherrschaft" der von Cansteinschen Bibelausgaben. Die immer noch 12 Fassungen der Lutherbibel anfangs des 19. Jh. führten zum Wunsch nach Vereinheitlichung und zur revidierten Lutherbibel von 1892. Die Kritik erfolgte in zwei Richtungen: Interessant ist die von O. Willkomm verfaßte Schrift „Halte, was du hast! Eine Warnung an das deutsche lutherische Christenvolk vor der revidierten Bibel." Darin schreibt er u.a.: „Luthers Bibelübersetzung ist Gottes Wort ... die revidierte Bibel ist nicht die rechte, echte Lutherbibel ... nicht nur das Luthertum, das ganze Christenvolk wird durch die Revision gefährdet ... so sieht man, daß die neue Bibel eine neue Religion mit sich bringt ..." Diese Schrift wurde 1958, nach dem Erscheinen des revidierten NT von 1956, neu aufgelegt.

Die meiste Kritik kam allerdings aus entgegengesetzter Richtung: Altertümliche Ausdrücke waren nicht beseitigt worden. Die Rechtschreibung und Zeichensetzung entsprachen nicht dem, was in den Schulen galt. Das führte zum revidierten Text von 1912. Gemeinsame Grundsätze für die zeitgemäße Erneuerung lagen 1928 vor. Sie enthalten u.a. folgendes: Die „Lutherbibel" soll erhalten bleiben. An Luthers philologischer Auffassung des Urtextes ist festzuhalten, wo sie heute noch wissenschaftlich vertretbar ist. Luthers freie Umdeutschung ist als ein unveräußerliches Luthererbe zu bewahren. Veraltete und mißverständliche, unverständliche Wörter usw. sind zu beseitigen. Der Ersatz ist möglichst aus Luthers Bibelsprache zu nehmen. Bei Änderungen ist auf Rhythmus und Wohlklang nach Möglichkeit Rücksicht zu nehmen. Kernstellen sind besonders „pfleglich" zu behandeln.

Diese Richtlinien gelten auch für die NT-Revision 1975, können jedoch sehr unterschiedlich interpretiert werden. Schon 1952 kam es deswegen zu harten Auseinandersetzungen in den Kommissionen. Die konservative Richtung wollte möglichst nahe bei Luther bleiben. Die Gegner beabsichtigten, dem griechischen Text zum Durchbruch zu verhelfen und dadurch Luther stark zu ändern. Das Ergebnis, der revidierte Text von 1956, war dementsprechend ein Kompromiß. Eine etwas modernere Revision des AT wurde 1964 abgeschlossen. Da die NT-Revision sich nun stark von der AT-Revision unterschied und zudem selbst von vielen Pfarrern nicht mehr verwendet wurde, weil der Text zu wenig verständlich sei, kam es zu vielfältigen Diskussionen um eine Nachrevision, die 1975 abgeschlossen wurde. ([10])

G. Krause stellt u.a. fest: „1. Die heute notwendige und allseits unbestrittene Revision der Lutherübersetzung des Neuen Testaments macht etwa 5% der tatsächlich von der Rev.-75 vorgenommenen, schätzungsweise 63 400 Wort- und Satzbauänderungen aus. 2. Die umstrittene Masse dieser Änderungen betrifft Luthers theologisch qualifiziertes Bibeldeutsch, dessen Existenz die Verteidigung der Rev.-75 (mit unzutreffenden sprachgeschichtlichen Argumenten) in Abrede stellt, als stilistisch-ästhetischen „Gefühlswert" für zweitrangig und ersetzbar erklärt oder als feierlich-erhabene Sprache überhaupt leugnet. 3. Trotzdem stellt sich die Revision als Erfüllerin von Intentionen Luthers dar, was nachweisbar falsch ist und die interessierte Öffentlichkeit irreführt. 4. Die Rev.-75 hat nolens volens den größten Teil ihrer Änderungen mit modernen Bibelübersetzungen und -paraphrasen gemeinsam, verflicht diese stilistisch und theologisch divergierenden Texte mit dem erhaltenen Lutherdeutsch und nennt das fälschlich „Stileinheit". 5. Daher bedürfen diese Änderungen der Rev.-75 einer Überprüfung, ob die behauptete Unverständlichkeit des Lutherischen Bibeldeutsch durchgängig zutrifft und die Preisgabe seines theologischen Sachgehaltes verlangt." ([11])

Die Überprüfung des NT-75 hat in mehrjähriger Arbeit zum Luthertestament 1984 geführt. Angaben zum NT-84 finden sich im Anhang dieses Buches.

Mit der geschilderten Entwicklung sei die Problematik und oftmals fehlende Transparenz bei Revisionen nur angedeutet. Auch für jede Revision und Neuübersetzung heute ist zu wünschen, daß die Übersetzungsgrundsätze nicht nur allgemein im Vorwort oder Anhang erwähnt, sondern im Detail zugänglich sind. Auch das garantiert jedoch nichts, denn *wie* Richtlinien und Grundsätze interpretiert werden, entscheiden die Kommissionen.

Bisher sprachen wir von der Nähe zum Grundtext durch wortnahe und formal möglichst übereinstimmende Übersetzung mit teilweise vorsichtiger sprachlicher Anpassung an die Empfängersprache zwecks besserer Verständlichkeit. Demnach lautet die Frage etwa: „Wie nahe beim Grundtext kann/muß ich bleiben, damit der Inhalt möglichst genau erhalten bleibt und die Botschaft dennoch verständlich ist?“ Bei der modernen Auffassung vom Übersetzen lautet die Frage hingegen eher: „Wie muß die biblische Botschaft ausgedrückt werden, damit der heutige Leser genau gleich reagiert wie der damalige Hörer?“ Diese neue Auffassung vom Übersetzen wird im Standardwerk von E.A. Nida und Ch.R. Taber begründet: „Das Interesse der Übersetzer hat sich heute verlagert, und zwar von der Form der Botschaft zur Reaktion des Empfängers auf die Botschaft. Was wir deshalb zu bestimmen versuchen, ist, inwieweit die Reaktion der Empfänger der übersetzten Botschaft mit der Reaktion der ursprünglichen Empfänger auf die Botschaft in ihrer Originalfassung wesentlich gleichwertig ist.“ ([12])

Die Feststellung, daß sich das Interesse der Übersetzer von der Form der Botschaft zur Reaktion der Empfänger auf die Botschaft verlagert habe, stimmt jedoch zumindest für Bibelübersetzungen in dieser Verallgemeinerung nicht. Auch heute noch gehen viele Übersetzer vom Wortlaut und von der Form des Grundtextes aus.

Für das dynamisch-gleichwertige Übersetzen sind genaue Regeln, Techniken und ein System von Prioritäten entwickelt worden, die Nida/Taber genau erläutern. Dazu zählen u.a. folgende: 1. Kontextgemäße Übereinstimmung ist wichtiger als wörtliche Übereinstimmung; 2. Dynamische Gleichwertigkeit ist wichtiger als formale Übereinstimmung; 3. Die fürs Ohr bestimmte Form der Sprache hat Vorrang vor der geschriebenen; 4. Formen, die von den vorgesehenen Hörern der Übersetzung gebraucht und anerkannt werden, haben Vorrang vor traditionellen Formen. ([13])

Nichtchristen haben Vorrang vor Christen, d.h. die Bibel muß auch für Nichtchristen verständlich sein. Zugleich soll vermieden werden, daß die Sprache der Christen eine „Geheimsprache für Eingeweihte" wird. Der Sprachgebrauch der 25-35jährigen hat zudem Vorrang vor der Sprache der älteren Leute oder der Kinder, da bei den raschen Veränderungen heutiger Sprachen die Sprache der Älteren bald unverständlich wird. ([14])

Die dynamische Gleichwertigkeit kann, wenn sie mehr oder weniger erreicht wird, zu guten und überraschend treffenden Formulierungen führen.

H. von Siebenthal weist auf die Bedeutung mehrdeutiger sprachlicher Ausdrücke und Textinterpretation hin. Wörter und Wortformen sind oft mit mehr als einer Bedeutung verbunden. Er stellt u.a. folgende Fragen: „Sind nicht alle Texte, die mehrdeutige Ausdrücke enthalten, zwangsläufig ihrerseits mehrdeutig? Sind unter diesen Umständen Unsicherheiten und subjektive Deutungen nicht unvermeidbar?" Anhand bewährter linguistischer Erkenntnisse soll dabei Zweifaches deutlich gemacht werden: „1. Die Mehrdeutigkeit sprachlicher Ausdrücke ist zwar in allen Sprachen sehr verbreitet;

bestimmte Mechanismen sorgen aber dafür, daß bei der konkreten Sprachverwendung die potentielle Mehrdeutigkeit der einzelnen Ausdrücke weitgehend neutralisiert wird und … Mehrdeutigkeit konkreter Texte nur ausnahmsweise entsteht. 2. Aus dem Studium dieser Mechanismen ergeben sich für die Textinterpretation wertvolle Regeln, mit deren Hilfe Unsicherheiten und subjektive Deutungen auf ein Minimum beschränkt werden können." ([15]) Dabei ist sich dieser Verfasser jedoch dessen bewußt, daß zu einer gründlichen philologischen Exegese eine ebenso gründliche theologische Exegese gehört, „was für die Heilige Schrift die von ihr geforderten geistlichen Voraussetzungen einschließt". ([16])

Zur Revision des Luther-NT 1975 schreibt Tschirch: „Es geht der Sprache … in der Neuzeit zunehmend darum, ein eindeutiges, klares Verständnis des Gesagten zu sichern, Mißverständnisse und Irrtümer auszuschließen. Dem Hörer soll … ein gut Stück der geistigen Leistung, die jede Verarbeitung einer Mitteilung erfordert, abgenommen werden. Der Sprecher drückt nicht eben nur mehr naiv aus, was ihn bewegt, was er mitzuteilen hat; da er will – dazu haben ihn Erziehung und Selbsterziehung geführt –, daß der Angeredete ihn bis in die Einzelheiten und Feinheiten hinein genau so versteht, wie er seine Aussage gemeint hat, überlegt er, wie er sich ausdrücken muß, um beim Gesprächspartner die höchstmögliche Genauigkeit in der Aufnahme des Gesagten zu erreichen und selbst leise Mißdeutungen und Schiefheiten auszuschließen." ([17])

Das klingt, als wüßte der Übersetzer in jedem Fall am besten, was ein Text aussagen will. Menschliche Sprache, menschliches Wort, menschliche Auslegung nach menschlichen Maßstäben. Da hat weder das innere Hören auf Gottes Wort noch Gottes Reden zum Menschenherzen Platz. Auf die „Verarbeitung einer Mitteilung“ kommen wir später zurück.

*Zink* geht in seiner Übertragung, Umschreibung, Umdichtung einen anderen Weg: Er umschreibt alle scheinbar für den damaligen Leser möglichen Bedeutungen und Reaktionen so umfassend für heutige Leser, mit vielen Zugaben innerhalb des Textes, daß der subjektive Einfluß noch offensichtlicher wird. Die Unterscheidung von Text und Auslegung ist in vielen Fällen nicht mehr möglich.

Im Nachwort zur *„Guten Nachricht“* wird festgehalten, man erwarte von einer Übersetzung, daß sie die Aussagen ihrer Vorlage unverfälscht, genau und verständlich wiedergebe. Zum Prinzip der Gleichwertigkeit wird erwähnt, es vereine die selbstverständliche Treue zum Original mit dem Bemühen um größtmögliche Verständlichkeit. So selbstverständlich ist die Treue zum Original allerdings nicht. Wir werden bei den einzelnen Übersetzungen darauf zu sprechen kommen.

Wie im Nachwort festgehalten wird, sind Einschränkungen zu berücksichtigen: „Sie entfaltet den Originalsinn einer Ausgabe, ohne ihn allerdings in jedem Fall voll ausschöpfen zu können. Insofern ist der Gewinn an Verständlichkeit gelegentlich mit einem Verlust an Bedeutungs- oder Beziehungsfülle erkauft. Eine solche Übersetzung … muß außerdem hin und wieder zwischen verschiedenen möglichen Deutungen des Originaltextes eine Entscheidung treffen, die andere Deutungen ausschließt.“ Diese sachliche Feststellung ist zu begrüßen.

Anfangs stellt man allgemein bei neuen, modernen Übersetzungen Begeisterung fest, die über das Ziel hinausgeht. Doch dann muß in den weiteren Auflagen bei manchen Formulierungen zurückbuchstabiert werden, wie dies auch bei GN und anderen geschehen ist. Daß dies geschieht, ist positiv zu werten.

Nach dem Vor- oder Nachwort zu urteilen, haben die meisten modernen Übersetzungen etwa das gleiche Ziel. Wie unterschiedlich jedoch die Übersetzungen sind, sei an zwei Beispielen angedeutet:

*Lk 13,28*

Zi: „im festlichen Hause Gottes“
GN: „in Gottes neuer Welt“
Ho: „im Reich Gottes“
Elb: „im Reiche Gottes“

„Reich Gottes“ bedeutet sowohl Königsherrschaft als Herrschaftsbereich, kann gegenwärtig und zukünftig sein. Weshalb die Bedeutung einschränken und werten durch andere Wortwahl?

Das folgende Beispiel aus *Mt 5,48* zeigt bei GN eine offensichtliche Veränderung der Botschaft, bei Zi hingegen einen Einschub, der nicht im Grundtext steht. Zudem ist der „Vater im Himmel“ nicht erwähnt. Die entsprechenden Stellen sind *kursiv* gedruckt:

GN: „Nein, ihr sollt vollkommen sein, *weil* euer Vater im Himmel vollkommen ist.“
Zi: „Nein, seid vollkommen, wie auch *Gott, der unsichtbar in dieser Welt herrscht,* vollkommen ist.“
Ho: „Ihr aber sollt so vollkommen sein wie euer Vater im Himmel.“
Elb: „Ihr nun sollt vollkommen sein, wie euer himmlischer Vater vollkommen ist.“

Abschließend noch ein letztes Beispiel zur Erläuterung unterschiedlicher Übersetzungsgrundsätze:

*Mt 5,37*

Elb: „Es sei aber eure Rede: Ja, ja! Nein, nein! Was aber mehr ist als dieses, ist vom Bösen."

GN: „Sagt ganz einfach Ja oder Nein; jedes weitere Wort ist vom Teufel."

Ho: „Sage einfach ja oder nein. Alle anderen Beteuerungen zeigen nur, daß du dich vom Bösen bestimmen läßt."

GN ist hier klar und ausdrucksstark. Ho geht im zweiten Satz über die zur vollen Verständlichkeit notwendige formale Anpassung hinaus. Sie sagt nun nicht mehr, von wem jedes weitere Wort stammt, sondern was jedes weitere Wort zeigt und bewirkt. Das ist zwar nach dynamisch-gleichwertigem Prinzip auf die Reaktion des Empfängers bezogen, verändert jedoch die Aussage – auch wenn sie sehr lebensnah wirkt. Bei GN wie bei Ho gilt zudem: Man sagt heute sehr bald einmal Ja oder Nein. Die Wiederholung „Ja, ja! Nein, nein!" bei Elb bedeutet jedoch ganze Entschiedenheit.

Übersetzungen können nach verschiedenen Kriterien gruppiert werden. Die Grenzen sind fließend. Wie immer das geschieht, eines kann nicht genug betont werden: Es gibt keine vollkommene Bibelübersetzung. Auch innerhalb einer bestimmten Übersetzung treten Unterschiede auf. Sowohl formal-grundtextnahe als auch dynamisch-gleichwertige Übersetzungen weisen Vor- und Nachteile auf. Wir sind jedoch aufgerufen, die Gott wohlgefälligen Prioritäten zu setzen.

# (8) Der entscheidende Gesichtspunkt

Entscheidend ist allein der *Gott* wohlgefällige Gesichtspunkt! Damit ergeben sich, in der Reihenfolge ihrer Bedeutung, folgende Prioritäten:

1. Die Bibel ist Gottes Wort. Sie ist von geistgetriebenen Gottesmännern niedergeschrieben worden und in allen ihren Aussagen voll zuverlässig. Das gilt auch für jene Stellen, die wir nicht oder anders verstehen.

2. Deshalb darf grundsätzlich die Reaktion des Menschen auf die Botschaft die Botschaft selbst nicht beeinflussen. Vielmehr muß der Grundtext so weit wie möglich inhaltlich unverändert überliefert werden, damit der Bibeltext und die Kraft Gottes den Menschen beeinflussen und verändern können.

3. Die Erzielung bestmöglicher Verständlichkeit ist sehr wichtig, darf jedoch nicht durch Preisgabe der unter 1. und 2. erwähnten Prioritäten erkauft werden.

Beinhalten diese „Thesen" nicht unvereinbare Gegensätze? Sie besagen, daß nicht die Übersetzungsmethode entscheidend ist. Damit eine Übersetzung den von Gott gegebenen inspirierten Text bewahrt und den von Gott beabsichtigten Zweck erfüllen kann, muß sie im selben Geist entstanden sein. Ein Übersetzer mit dieser Grundhaltung wird sich auch nicht leichtfertig über die sorgfältige sprachwissenschaftliche Beschäftigung mit dem Text hinwegsetzen. Er wird aus der täglich neuen persönlichen Begegnung mit dem Wort heraus am Text arbeiten. Diese geistliche Grundhaltung zusammen mit einer verantwortungsbewußten Arbeit am Text lassen dem Heiligen Geist auch dort noch Raum, wo der Übersetzer erkenntnismäßig oder sprachwissenschaftlich an Grenzen stößt und der Empfänger der Botschaft nicht mit einer seinem Sprachgebrauch voll angepaßten Übersetzung rechnen kann.

Für eine andere Stellung zum Wort Gottes und für eine andere geistliche Grundhaltung ist jedoch kein Raum, wenn Gottes Wohlgefallen entscheidend ist.

Übertragungen in neu erforschte oder bisher unerreichte Sprachen bestätigen grundsätzlich die Bedeutung moderner Übersetzungsmethoden zur Verbreitung des Evangeliums. Dies kann jedoch nicht einfach Gebieten gleichgestellt werden, in denen schon Gemeinden bestehen und die Bibel vorhanden ist. Die Ausgangslage wird auch verändert, wenn diese Übertragungen inhaltlich unzuverlässig sind. Da der Spielraum für subjektive, weltanschauliche, theologische Einflußnahme bei der dynamisch-gleichwertigen Methode bedeutend größer ist als bei einer grundtextnahen Übersetzung, sind moderne Übertragungen um so vorsichtiger zu prüfen. Daß diese Vorsicht notwendig ist, werden wir bestätigt finden.

Die Frage nach der Berechtigung dynamisch-gleichwertiger Übersetzungsgrundsätze kann deshalb nur am Resultat gemessen und für die einzelne Übertragung unter Berücksichtigung des Verwendungszweckes beantwortet werden.

# (9) Geistige Strömungen

Wenn wir die Bibel lesen, haben wir das Verlangen, Gottes Willen und Plan zu erkennen, von ihm zu lernen und Gemeinschaft mit ihm zu pflegen. In verschiedenen Übersetzungen werden Gottes Gedanken jedoch verwässert oder verfälscht weitergegeben. Wir müssen deshalb wenigstens allgemein auf diese Strömungen hinweisen, die in Bibeltexten, Anmerkungen, Einleitungen, Nachworten usw. ihren Niederschlag finden.

Schon Paulus hat gewarnt: „Seht zu, daß niemand euch einfange durch die Philosophie und durch leeren Betrug nach der Überlieferung der Menschen, nach den Elementen der Welt und nicht Christus gemäß" (Kol 2,8). Der **Humanismus** setzt den Menschen und das menschliche Tun auf den Thron. Der Mensch soll durch eigene Anstrengung veredelt und zu einer Persönlichkeit werden. Für den Humanisten ist Jesus ein vorbildlicher Mensch. Theologisch mündete diese Grundhaltung in den **Liberalismus** ein, der nicht die ganze Heilige Schrift als göttliche Offenbarung und voll zuverlässig anerkennt.

Die Ausrichtung auf den Menschen führte auch zur zunehmenden **Säkularisierung** d.h. Verweltlichung. Denken und Handeln geraten zunehmend in den Sog des Zeitgeistes. Menschliche Ordnungen lösen sich von biblischen Grundlagen. Menschliches Verhalten richtet sich nach dem jeweiligen Trend. Menschen passen sich nicht mehr durchgehend dem Gesetz an, sondern Gesetze werden unter massivem Druck von Interessenvertretern geändert. Die Menschen wollen sich auch nicht mehr unter das Wort Gottes stellen. Dafür soll das Wort den Menschen angepaßt werden.

Der **Pluralismus** bedeutet in der Theologie das Dulden verschiedenster sich oft widersprechender Lehrauffassungen und Überzeugungen. Der **Synkretismus** führt noch weiter und meint die Vermischung verschiedener Religionen oder Lehren. Das alles zeigt sich auch bei den folgenden Hinweisen.

Von der **modernen Theologie** und den meisten theologischen Ausbildungsstätten wird die volle Inspiration der Bibel – und damit ihre ganze Wahrheit und uneingeschränkte Zuverlässigkeit – abgelehnt. So kann es geschehen, daß bei Vorträgen zur Überlieferung der Bibel der Heilige Geist nie erwähnt wird, dafür um so ausführlicher die „Knechtsgestalt der Bibel"; das Wort Gottes als „ein Kind, das von den Windeln befreit werden muß"; die Bibel als ein Buch, bei dem man sich „einlassen muß auf die Unsicherheit, die allem Menschlichen anhaftet".

Wer jedoch meint, die gebrochene Stellung zur Schrift sei das Resultat nachprüfbarer wissenschaftlicher Forschung, geht fehl. Die Kritik an der Autorität der Bibel ist auf philosophisches Gedankengut, auf eine bestimmte Weltanschauung, auf einen von Gott losgelösten Wahrheitsbegriff zurückzuführen.

Die Bibel bezeugt eine irdische und eine überirdische Wirklichkeit. Für die moderne Theologie existiert jedoch nur die Welt, in der wir leben, ein geschlossenes System. Von daher verwarfen schon frühere liberale Theologen alles Übernatürliche und alle Wunder, auch im Leben Jesu. Man nennt diesen Vorgang „entmythologisieren". Wahr ist demnach nur, was sich in unserer Welt abspielt und dem Gesetz von Ursache und Wirkung untersteht. Nur das ist Geschichte, was wiederholbar und vergleichbar ist. Biblische Heilsgeschichte existiert somit nicht, da sie diesen Rahmen sprengen würde.

In der Geschichte wird zudem unterschieden zwischen Geschichtlichkeit (gegenwärtiges Geschehen, das mich heute angeht; persönliche Begegnung und heutiger Einfluß des Wortes auf mich) und Historie (vergangene Geschichte früherer Zeiten). Das Vergangene tritt je nach Theologie weit oder ganz zurück. Es bleibt gar nicht mehr so wichtig, ob sich die biblischen „Erzählungen" wirklich so zugetragen haben.

Besonders gefährlich sind als selbstverständliche Voraussetzung hingestellte wissenschaftliche Erkenntnisse in Anmerkungen usw., obwohl sie weder biblisch wahrheitsgemäß noch wissenschaftlich erwiesen sind. Sie können ganz unbewußt unsere Meinungsbildung beeinflussen.

Viel gefährlicher als die Entmythologisierung biblischer Begriffe – weil schwerer zu erkennen – ist ihre Umdeutung. Die großen Wahrheiten der Bibel werden nicht direkt geleugnet. Man „füllt" biblische Begriffe jedoch mit einem anderen Inhalt: Das Kreuz Jesu wird zu einem Hinweis auf die leidende Menschheit. Auferstehung Jesu wird zum Weiterleben „der Sache Jesu" (Liebe, Hoffnung, Friede). Rechtfertigung heißt nun „ich nehme mich selbst an". Der Friede Gottes wird zum Weltfrieden. Das „Wohl" des Menschen steht im Mittelpunkt, nicht sein Heil. Damit wird außer sozialem auch politisches, revolutionäres Engagement mit Gewalt legitim zur Wiederherstellung „gerechter" Verhältnisse.

Man spricht von objektiver oder subjektiver Wahrheit und von „Wahrheit in Beziehung". „Gerade in und mit dem subjektiven Aspekt tritt der objektive deutlicher ans Licht". ([18]) Dem entspricht in etwa der Ausspruch moderner Theologen: „Gerade die Menschlichkeit der Bibel läßt ihre Göttlichkeit um so heller aufleuchten". „Es bedeutet für den eigentlichen Sinn der

Schrift blind zu sein ..., wenn man nämlich die Schrift ‚vergöttlicht', d.h. wenn man die Wahrheit außerhalb der Menschen und außerhalb der Geschichte ansiedelt und so eher magischen Aberglauben als lebendigen Glauben weckt". ([19]) „Nochmals: Was ist Wahrheit? ... Aber biblische Wahrheit besteht in Beziehung zum ganzen, vollen Menschenleben". ([20])

Den Wahrheitsbegriffen, die Wahrheit auf der menschlichen Ebene ansiedeln und nur in Verbindung mit dem Menschen sehen, steht der Ausspruch Jesu gegenüber: „Ich bin ... die Wahrheit" (Joh 14,6), ganz unabhängig vom Menschen, seiner Welt und seiner Philosophie.

Im Unterschied zu den extrem-bibelkritischen Strömungen stehen gemäßigt-kritische, die sich in folgenden Gedanken zeigen können: Die Bibel ist nicht Offenbarung, sie bezeugt Offenbarung, ist Zeugnis von Offenbarung. Sie ist nicht Offenbarung, sie enthält Offenbarung. Sie ist nicht ganz, sondern teilweise inspiriert. Sie ist göttlich und zugleich menschlich fehlerhaft. Sie ist nicht Offenbarung, weist aber hin auf den Ort, wo immer wieder Offenbarung geschieht und Gott zu uns spricht: in der Begegnung. Die Bibel ist nicht eine objektive Mitteilung von Tatsachen. Das Reden Gottes, die Wahrheit der Bibel (was Jesus gelebt hat) kommt eigentlich im Erlebnis, in der Begegnung auf uns zu.

Viele bibeltreue Theologen halten gleichzeitig an bibelkritischen Ergebnissen der historisch-kritischen Wissenschaft fest.

Welche Autorität bestimmt bei nur teilweiser Anerkennung der Inspiration, was inspiriert ist und was nicht? Wer „Widersprüche" in der Bibel zu finden meint, muß sich fragen, welche Aussage vom Heiligen Geist ist und welche nicht. Wer entscheidet hier? Er vergißt, daß unser Erkennen Stückwerk ist. So können sich scheinbar widersprechende Aussagen sogar ergänzen, wie in der Physik. Die ganze Heilige Schrift bezeugt eine wunderbare Einheit. Wer nur Glaubensaussagen bejahen will, geschichtliche oder naturwissenschaftliche Berichte jedoch ablehnt, muß sich ebenfalls fragen: Weshalb sollen jene zutreffen und diese nicht? Sind nicht biblische Aussagen, Glaubenserlebnisse und persönliche Führungen sehr oft mit geschichtlichen Tatsachen oder naturgeschichtlichen Ereignissen verbunden? Welche Autorität maßt sich hier an, zu unterscheiden, zu werten, Aussagen Jesu in echt und unecht einzuteilen?

Die gebrochene Stellung zur Schrift zeigt sich auch in der historisch-kritischen Forschung. Wissenschaftliche Forschung zwecks Wiederherstellung des biblischen Grundtextes kann auf der Grundlge des Glaubens an die volle Inspiration und Zuverlässigkeit der Bibel geschehen. Im Gegensatz dazu steht die historisch-kritische Forschung mit einer bibelkritischen Haltung, unter Ablehnung der Inspiration.

Bei der „Literaturkritik" und „Quellenscheidung" wird untersucht, ob der überlieferte Grundtext als ursprüngliche Einheit zu sehen ist. Könnte es zutreffen, daß verschiedene Quellen benutzt wurden? Dabei wird auf „überflüssige" Wiederholungen geachtet, auf „widersprüchliche" Gedankengänge, Orts- und Zeitangaben, Stil und besonders häufige Wörter usw. Von daher werden bei biblischen Schriften verschiedene Quellen vermutet. So führt die Literaturkritik zur Quellenforschung, vor allem im Zusammenhang mit dem Pentateuch (die fünf Bücher Mose) und den Synoptikern (Matthäus-, Markus- und Lukas-Evangelium). S.R. Külling lehnt das Bestehen oder Benutzen von Quellen nicht grundsätzlich ab, jedoch anderer als der künstlichen JEDP (Jahwist, Elohist, Deuteronomist, Priesterschrift) u.a.

Die Bibel nenne auch Quellen, aber es sei schwierig, diese noch zu erkennen, und unmöglich, sie auf Grund des bestehenden Textes zu rekonstruieren. ([21])

Bei der „Formkritik“ geht man von der Annahme aus, daß es ursprünglich keine ausführlichen, in der wirklichen zeitlichen Abfolge aufgebauten „Erzählungen“ gegeben habe. So werden Formen zerlegt und Gesetzmäßigkeiten gesucht. Dabei forscht man auch nach dem „Sitz im Leben“, d.h. nach Situationen und Lebensumständen, in denen diese Formen entstanden sind und sich weiter entwickelt haben.

Die „Redaktionsgeschichte“ beachtet das Ganze, nicht nur die Teile einer Botschaft, eines Buches. Durch Beobachtung der Unterschiede in Wortwahl, Redeweise, Stoffzusammenstellung usw. versucht die Redaktionsgeschichte die Absicht der Autoren, ihre „Theologie“, festzustellen.

„Äußere Kritik“ befaßt sich mit dem Befund der handschriftlichen Überlieferung. „Innere Kritik“ beachtet z.B. den Textzusammenhang, Stil und Sprachschatz, Theologie des Verfassers, mögliche Gründe für eventuelle Textänderungen usw. Sie geht teilweise hinter den überlieferten Text zurück.

Auf zwei „Erkenntnisse“ der historisch-kritischen Forschung, die in den Anmerkungen entsprechender Bibelausgaben ihren Niederschlag finden, sei noch hingewiesen: Die „verschiedenen Verfasser“ des Buches Jesaja und die „spätere Abfassung“ des Jesaja- und des Danielbuches:

Gegen die Einheit Jesajas wird argumentiert, ein Prophet spreche immer zu seinen Zeitgenossen, nie zu zukünftigen Generationen. Weil Prophetie abgelehnt wird, muß die Abfassungszeit später angesetzt werden, nämlich auf eine Zeit, die erfüllte Prophetie als gegenwärtige Geschichte erklären läßt. Das ruft dann auch nach einem anderen Verfasser für den prophetischen Teil, da ja die Bücher aufgesplittert werden.

Nun wird aber z.B. von J. Buchegger/M. Gerber auf O.T. Allis verwiesen: Jedes der Bücher der späteren Propheten hat eine Überschrift; immer wird mindestens der Name des Propheten erwähnt. Zum Teil sind auch innerhalb der Bücher Überschriften zu finden. Prophetie eines Autors, der nicht Jesaja war und die in Kapitel 40 ohne Überschrift beginnen soll, hat keine Analogie. Auch gibt es keinerlei Handschriften, die darauf hinweisen, daß die 66 Kapitel des Jesajabuches nicht immer eine Einheit bildeten. Es sei zudem recht seltsam, daß der Prophet, den viele als den größten aller Propheten ansehen, unbekannt sein soll. „Jeremia, Hesekiel, Zephanja, Daniel, Haggai, Sacharja – sie alle lebten in jener Zeit, aber den Namen eines weiteren großen Propheten sollte man vergessen haben?" ([22])

D. Poysti verweist zudem auf G.L. Archer, der als weiteres Argument für die Echtheit von Jesaja 40-66 u.a. festhält, daß die Verfasser des NT in Jesaja I (Kap. 1-39) und Jesaja II (Kap. 40-66) denselben Verfasser sahen.

| | |
|---|---|
| – Mt 12,17-18 | zitiert Jes 42,1 |
| – Mt 3,3 | zitiert Jes 40,3 |
| – Lk 3,4 | zitiert Jes 40,3-5 |
| – Joh 12,38 | zitiert Jes 53,1 |
| – Joh 12,40 | zitiert Jes 6,9-10 ([23]) |

In diesem Zusammenhang ist die ganze Artikelfolge ([24]) sehr aufschlußreich und empfehlenswert.

Die Visionen Daniels werden auch abgelehnt. Die hebräische und christliche Überlieferung bezeugt, daß Daniel sein Buch im 6. Jh.v.Chr. verfaßt hat. Schon heidnische Gegner des Christentums hatten behauptet, Daniel habe gelogen, um die Hoffnungen der zeitgenössischen Juden inmitten widriger Umstände zu beleben. Heute werden die „Erzählungen“ Daniels von Bibelkritikern allgemein einem makkabäischen Verfasser aus dem 2. Jh.v.Chr. zugeschrieben. ([25])

Wie aktuell das alles ist, wird abschließend durch einen Zeitungsausschnitt beleuchtet:

„Die theologische Fakultät der Universität Zürich macht sich sehr verdient durch eine Fülle kirchengeschichtlicher Vorlesungen, in denen in hervorragender Weise (vor allem durch Prof. H.D. Altendorf) die Ergebnisse der historisch-kritischen Methode dargelegt werden. Die Darlegung des historischen Kontextes und die Durchleuchtung der neutestamentlichen Texte nach Entstehung und Inhalt ist für die feministische Theologie von großer Bedeutung. Nachdem der Kirchenrat ebenfalls am 31. Januar die Neuübersetzung der Zürcher Bibel beschlossen hat, ist zu wünschen, daß in einigen Fußnoten der erwähnte wissenschaftliche Fortschritt zum Ausdruck kommt. So wäre aus feministischer Sicht zu wünschen, daß 1. Kor 14,34 und 35 über das Schweigen der Frauen in der Gemeinde als Interpolation (Einschaltung, Änderung – d.Verf.) bezeichnet, die Haustafeln mit der stereotypen Unterwerfung der Frau als stoisch/hellenistisch qualifiziert und die im Namen von Paulus geschriebenen Pastoralbriefe (1. und 2. Brief an Timotheus und Brief an Titus) als nicht vom Apostel Paulus stammend erklärt würden. Dieselben sollen von Polykarp von Smyrna um 130/140 verfaßt worden sein. Eine der schlimmsten antifeministischen Stellen ist in 1. Tim 2,11 zu finden. Feministische Theologie ist längst zu einer ökumenischen Angelegenheit geworden, alle Frauen sind an solchen Fußnoten interessiert.“ ([26])

Die **ökumenische Bewegung** in der hier verstandenen Bedeutung umfaßte anfänglich das Bemühen um Versöhnung und um Schaffung neuer Gemeinschaft zwischen den Kirchen. Der „Ökumenische Rat der Kirchen“ geht in seiner heutigen Zielsetzung noch weiter: Einheit der ganzen Menschheit in Frieden und Gerechtigkeit. Das führt zur zentralen Frage: Was ist biblische Einheit?

„Heilige sie durch die Wahrheit: dein Wort ist Wahrheit ... Aber nicht für diese allein bitte ich, sondern auch für die, welche durch ihr Wort an mich glauben, damit sie alle eins seien, wie du, Vater, in mir und ich in dir, daß auch *sie* in uns eins seien, damit die Welt glaube, daß du mich gesandt hast. Und die Herrlichkeit, die du mir gegeben hast, habe ich ihnen gegeben, daß sie eins seien, wie *wir* eins sind – ich in ihnen und du in mir ...“ (Joh 17,17.20-23). Die Wahrheitsfrage (Vers 17) kommt vor der Einheitsfrage. Einheit nicht auf Kosten der Wahrheit. Viele Mitgliedkirchen des ökumenischen Rates teilen jedoch die biblische Heilslehre nicht. Die Verse 21-22 sprechen von der wesensmäßigen Einheit des Vaters und des Sohnes. Jesus sagt: Eure Einheit soll „in uns“ sein. Nur da, wo der einzelne eins ist mit dem Vater und dem Sohn, ist echtes biblisches Einssein untereinander. Hier ist eine geistlich-organische Einheit gemeint, nicht eine menschlich-organisierte.

Die Bibel spricht von der Einheit derer, die in Christus eins sind. Sie sind „Herausgerufene“. Das ist die Bedeutung des griechischen Wortes „ekklesia“, das auch mit „Kirche“ übersetzt wird. Zur Gemeinde Jesu („Kirche“) gehören Menschen, die sich beim Lesen oder Hören der Frohbotschaft von Jesus Christus rufen ließen. Sie haben die Vergebung durch den stellvertretenden Opfertod Jesu Christi im Glauben persönlich angenommen und sind durch die Wiedergeburt Glieder an seinem Leib, und er selbst, Christus, ist das Haupt. So setzt sich Kirche, Gemeinde Jesu, zusammen aus einzelnen Menschen, die eine persönliche Verbindung haben mit Jesus Christus, dem Haupt.

Im Gegensatz zu dieser organischen Einheit strebt die ökumenische Bewegung eine organisierte Einheit an. Dazu muß die Wahrheitsbasis verbreitert werden. Voraussetzung kann nicht eine persönliche Beziehung sein, weil sie in den meisten Fällen fehlt, sondern nur ein allgemeines Bekenntnis. T. Rehse weist darauf hin ([27]), daß die Grundsatzerklärung des Ökumenischen Rates der Kirchen (1948) „... daß wir Ihn als Gott und Heiland anerkennen ...“ 1961 in Neu Delhi abgeändert wurde in: „... den Herrn Jesus Christus gemäß der Heiligen Schrift als Gott und Heiland *be*kennen ...“ Zu dieser unverbindlicheren Basis kommt nach T. Rehse noch hinzu, daß der Weltkirchenrat die Interpretation dieser Basis den Mitgliedkirchen überläßt. Mit der freien Interpretationsmöglichkeit, der Umdeutung biblischer Begriffe und der Entwicklung der modernen Theologie hat bald fast alles in der ökumenischen Bewegung Platz.

Die fehlende biblische Grundlage führt auch auf einen falschen Weg zur Annahme des Heils. Demnach wird das Heil aufgrund einer äußerlichen Handlung wie Taufe, Abendmahl usw. vermittelt. Dieser **Sakramentalismus** zeigt sich immer dort, wo die Notwendigkeit der Wiedergeburt abgelehnt wird.

T. Rehse zitiert H. Frey: „Nur die Einheit, die von unten stammt, ist gleichgültig gegen die Wahrheit und kann sich mit der Lüge verbinden. Sie entsteht dort, wo man sich auf Kosten der Wahrheit die Hände reicht.“ ([28])

Wenn wir die gebrochene Stellung zur Heiligen Schrift sowohl von Seiten der ökumenischen Bewegung als auch von der modernen Theologie sehen, dann verwundert es nicht, daß beide zusammenarbeiten können, daß politisches Engagement der Kirchen, Befreiungsbewegungen, Gewaltanwendung, Anschluß der Weltreligionen Entwicklungsstufen sind hin zur Welt-Einheitskirche.

Dies ist nicht der Ort für eine Sektenkunde. Gemeinsames Merkmal aller **Sekten** ist jedoch immer: Christus *und* ... Eine Sekte verkündet immer unbiblische heilsnotwendige Sonderlehren. Nur durch die Mitgliedschaft bei einer bestimmten Sekte findet man das „Heil". Einzelne Worte oder Bibelteile werden aus dem Zusammenhang herausgerissen und isoliert betrachtet, so daß einzelne Bibelstellen in das vorgefaßte Lehrgebäude der Sekte passen. Wahrheit und Irrtum sind vermischt. Hier sei auch auf die Zeugen Jehovas und ihre Neue-Welt-Übersetzung hingewiesen.

Die Sekten sind klar gegenüber der Gemeinde Jesu abgegrenzt. Die Irrlehre der **Allversöhnung** hingegen ist auch in das Gedankengut vieler gläubiger Christen eingedrungen. Wie immer die verschiedenen Schattierungen benannt werden, letztlich steht dahinter die Überzeugung, daß alle Menschen gerettet werden. Das warnt uns erneut, Bibelstellen nicht aus dem Zusammenhang und aus dem Gesamtzeugnis der Schrift herauszureißen. Gottes Liebe, Gottes Gericht und die unbegrenzte Trennung des unerlösten Menschen von Gott sind Realität. Dies widerspricht sich nicht nach dem Zeugnis der Schrift – ob wir das verstehen können oder nicht. Rettung gibt es nur durch Entscheidung für Jesus Christus. Diese Entscheidung ist jedoch nur in *diesem* Leben möglich: „Und wie es dem Menschen gesetzt ist, einmal zu sterben, *danach aber* das Gericht ..." „... bleibt kein Schlachtopfer für Sünden mehr übrig, sondern ein furchtbares Erwarten des Gerichts ..." (Hebr 9,27; 10,27).

„Ewigkeit" kann sowohl einen begrenzten als einen unbegrenzten Zeitraum bedeuten. Das NT benutzt jedoch dasselbe griechische Wort für „ewiges" Leben und

„ewigen“ Tod. Ist das ewige Leben der Erlösten endlos, dann gilt dies auch für die ewige Trennung des Unerlösten von Gott. Die Bibel sagt: „Es ist besser für dich, einäugig in das Reich Gottes einzugehen, als mit zwei Augen in die Hölle des Feuers geworfen zu werden, wo ihr Wurm nicht stirbt und das Feuer nicht erlischt“ (Mk 9,47-48).

*Eindeutige* Bibelstellen sprechen *gegen* Allversöhnungslehren. *Daran* sind Bibelstellen, die verschieden ausgelegt werden können, zu messen: Bibelauslegung vor allem durch die Bibel selbst, nicht durch menschliche Vorstellungen. Das Gedankengut der Allversöhnung schwächt die Notwendigkeit der Entscheidung für Christus, die Folgen des Unglaubens, die Dringlichkeit des Missionsauftrages, den Ernst ganzer Christusnachfolge und die Bedeutung von Gottes Gericht ab.

Allversöhnungstendenzen sind auch in Bibelausgaben zu finden. Zur Allversöhnungslehre siehe ([29]).

Die **charismatische Bewegung** muß ebenfalls erwähnt werden. Sie durchbricht konfessionelle Grenzen und ist in verschiedenen Denominationen zu finden. T. Rehse hat sie als „in ökumenischer Brückenfunktion“ bezeichnet in dem Sinn, daß sie eine Überwindung konfessioneller Trennungen biete ([30]). Ihre Besonderheit ist die Praktizierung der im NT erwähnten Geistesgaben der Heilungen, Wunderwirkungen, Prophezeiung, Arten von Zungenreden, Auslegung der Zungenreden (1. Kor 12,1-11). Eine katastrophale Verirrung tritt jedoch dort ein, wo Gaben als Beweis für geistliche Einheit angesehen werden. Es gibt keinen anderen Weg zur biblischen Einheit als Sinnesänderung, Umkehr und persönlicher, bewußter Glaube an den Heiland der Welt. Einheit wird von Gott geschenkt mit der Wiedergeburt, die uns zu Gliedern am Leibe Jesu macht durch die Innewohnung des Heiligen Geistes.

Innerhalb der Gemeinde Jesu sind es vor allem die Pfingstbewegung, jedoch auch andere Gruppen und einzelne Gläubige aus den übrigen Denominationen, die alle in der Bibel erwähnten Geistesgaben anerkennen. Die Lehrauffassungen sind verschieden und die Ausübung der Geistesgaben ist nicht einheitlich.

Wenn ein Gemeindeleiter unbiblischen Gebrauch der Gaben duldet, verstößt er gegen die Schrift – ebenso, wenn er einzelne Geistesgaben und deren schriftgemäße Ausübung ablehnt. Anmerkungen zu diesen Fragen finden sich auch in Bibelausgaben.

Abschließend müssen wir uns neu fragen: Stehen wir unter der Autorität der Heiligen Schrift oder sind uns menschliche Gedanken wichtiger?

Immer wieder neu in der Bereitschaft zum Gehorsam unvoreingenommen, offen, betend und forschend hinhören auf **das Wort Gottes** – darin liegt das Geheimnis der Orientierung, Bewahrung und Führung!

# 2. Teil

# Deutschsprachige Bibelübersetzungen

(10)

## EINLEITUNG

Schon vor Luther gab es 34 deutsche Übersetzungen der ganzen Bibel, die jedoch nur sehr beschränkte Verbreitung fanden. Bei der überragenden Bedeutung der Lutherbibel bleibt oft unerwähnt, daß nach dem Erscheinen des berühmten „September-Testaments" im Jahre 1522 von 1524-1529 im Zusammenhang mit der Zürcher Reformation die Übersetzung von Zwingli respektive seines Mitarbeiters Leo Jud in rascher Aufeinanderfolge erschien, zuerst das NT und dann das AT. Die Erstausgabe der ganzen Zwingli-Bibel, die „Froschauerbibel", erschien 1531, die erste ganze Luther-Bibel 1534. Im selben Jahre wurde in Mainz eine von Johann Dietenberger überarbeitete Bibelausgabe veröffentlicht, die in der katholischen Bevölkerung bis in das 18. Jh. Verbreitung fand. Die meisten der damaligen Übersetzungen konnten jedoch weder sachlich noch sprachlich befriedigen.

Wenden wir uns nun den heute erhältlichen Übersetzungen zu: Von den gegenwärtig über fünfzig Übersetzungen des AT, NT oder der ganzen Bibel werden hier vorwiegend die bekannten und neuen Ausgaben behandelt. Im weiteren wird darauf geachtet, Übersetzungen verschiedenster Prägung mit zu berücksichtigen.

Grundsätzlich geht es bei der Behandlung der einzelnen Übersetzungen darum, deren Besonderheiten festzuhalten. Wird uns an einzelnen Beispielen und Hinweisen der Charakter einer Übersetzung klar, dann können wir uns entscheiden, ob wir sie benützen und weiterempfehlen wollen oder nicht.

Je nach Besonderheit, Aktualität und Notwendigkeit werden einzelne Übersetzungen ausführlicher behandelt als andere, was keine Wertung bedeutet.

Beachten Sie bitte, daß manche Ausgaben im Laufe der Jahre revidiert werden oder bei Neuauflagen Änderungen erfahren. Dies ist besonders bei neueren Übersetzungen wie z.B. GN oder Ho der Fall. Auch in dieser Schrift behandelte Bibelstellen werden im Laufe der Zeit berichtigt werden.

Zuletzt noch zwei Hinweise: Sie wollen sich ein sachliches, ausgewogenes Urteil bilden – soweit dies aufgrund dieses Buches möglich ist. Vergegenwärtigen Sie sich deshalb im Zusammenhang mit den einzelnen Übersetzungen den Inhalt der bisherigen Kapitel. Lesen Sie zudem nicht nur die Vergleichsstellen bei einzelnen Übersetzungen. Manche Übersetzungsbeispiele stehen bei anderen Übersetzungen. Hier hilft Ihnen der „Bibelstellen-Hinweis zu den Übersetzungen“ auf Seite 253.

# Elberfelder-Bibel

Die Erstausgabe des NT erfolgte 1855, des AT 1871. Die 1. Auflage war in Wortwahl und Satzbau noch sehr eng an den Grundtext gebunden. Neubearbeitungen haben auch sprachliche Verbesserungen gebracht. Aus dem Vorwort der zweiten Taschenausgabe: „Wohl ist es möglich, daß wir manche Stelle in ein schöneres Deutsch hätten kleiden können; allein, ohne Sklave der Wörter zu sein, leitete uns stets der Gedanke, daß eine möglichst treue Wiedergabe des Urtextes jede andere Rücksicht überwiege, um so mehr als wir mit vollkommener Überzeugung an die göttliche Eingebung der Heiligen Schrift glauben, als der Offenbarung der unendlichen Weisheit Gottes ... Selbstredend darf die Grenze dieser Genauigkeit nicht so enge gezogen werden, daß ... der übertragene Satz alle Verständlichkeit verlieren und folglich ohne Sinn bleiben würde."

Im Jahre 1960 begann eine Kommission mit der Überarbeitung. Im Vorwort des 1975 herausgegebenen NT mit Psalmen werden die Grundsätze der Revisionsarbeit erwähnt, nämlich möglichst genaue Wiedergabe des Grundtextes, Bemühung um gutes, verständliches Deutsch und Benutzung des besten griechischen bzw. hebräischen Textes.

Im Vorwort wird die Wiedergabe des Namens „Jehova" mit „HERR" begründet (in früheren Ausgaben blieb „Jehova") und von „Ekklesia" mit „Gemeinde". Ebenfalls wird auf das besondere Problem bei den Psalmen hingewiesen – auf die an einigen Stellen so starke Entstellung des masoretischen Textes, daß „sein Sinn nicht mit Sicherheit festgestellt werden kann. Wir haben jedoch der Versuchung, den hebräischen Text hier einfach zu verbessern, wie es viele andere Übersetzungen getan haben, widerstanden. Der Leser kann in den Psalmen überall da, wo keine besondere Anmerkung steht, davon ausgehen, daß er eine getreue Übersetzung des hebräischen Textes vor sich hat. An den wenigen Stellen, an denen wir vom masoretischen Text abweichen mußten, wird dies in einer Anmerkung jeweils begründet und erklärt."

Die Genauigkeit der Revision ist mit dem Hinweis auf Röm 3,28 bezweifelt worden ([31]). Elberfelder sagt hier wie früher, im Gegensatz zu allen anderen bekannten Übersetzungen, „daß *ein* Mensch durch Glauben gerechtfertigt wird", und nicht „*der* Mensch". Die Aussage drücke so nicht mehr eine heilsnotwendige Erkenntnis aus, der sich keiner entziehen könne, sondern gelte nur gelegentlich. Dieser Schluß ist jedoch nicht zwingend. Wenn wir feststellen: „Ein Mensch macht Fehler", dann handelt es sich um eine allgemeine Aussage, die alle Menschen betrifft. So auch in Röm 3,28. In Joh 1,14 übersetzt Elb jedoch „eine Herrlichkeit als eines Eingeborenen vom Vater". Ko und andere Übersetzungen sagen sinngemäß „als *des* Eingeborenen" oder „Einziggezeugten".

In Lk 7,29 übersetzen sowohl Elb als Ko konkordant: „Und das ganze Volk, das zuhörte, und die Zöllner rechtfertigten Gott". Das ist sinngemäß falsch in unserer Sprache. Me, Sch, Zü und andere Übersetzungen sagen richtig „sind dem Willen Gottes nachgekommen", „gaben Gott recht" oder „haben den Willen Gottes anerkannt".

In Hebr 9,14 folgen Elb und Ko als einzige einer anderen Lesart und übersetzen „*euer* Gewissen reinigen von toten Werken", und nicht „*unser* Gewissen".

In Ps 46,3 wird der Text der Septuaginta (LXX) geboten „wenn auch die Erde erbebte" und der masoretische

Text nur in der Fußnote: „wenn gewandelt (o. geändert) würde die Erde".

Auch wenn in den Anmerkungen oft festgestellt wird, daß der Text der LXX im Text und der masoretische in der Fußnote steht, so sagt dies noch nichts aus über die Notwendigkeit des Septuaginta-Textes. Beispiel aus Ps 77,7 Fußnote: „Mit LXX. Mas.T.: „Mein Saitenspiel".

In manchen Fällen ist verständlich, daß die wörtliche Übersetzung nur in der Fußnote ausgeführt wird. „... der dir die Treue bricht" in Ps 73,27 ist klarer als die wörtliche Übersetzung in der Fußnote „von dir weg hurt".

Andererseits sind verschiedene gut verständliche wörtliche Übersetzungen nur in der Fußnote zu finden. Röm 11,12 lautet im Text nach wie vor „und ihr Verlust der Reichtum der Nationen". Die wörtliche Übersetzung „ihre Niederlage der Reichtum der Nationen" wird lediglich in der Fußnote erwähnt. Ps 13,3 „Bis wann soll ich Sorgen hegen in meiner Seele" wird ebenfalls in der Fußnote durch die wörtliche Übersetzung ergänzt: „w. Ratschläge". In Ps 37,5 „Befiehl dem HERRN deinen Weg" wird die ausdrucksstarke wörtliche Übersetzung nur in der Fußnote geboten: „Wälze auf den HERRN deinen Weg".

An verschiedenen Stellen, z.B. Ps 40,9, erwähnt der revidierte Text entgegen früheren Ausgaben „deiner Weisung". In der Fußnote wird ergänzt: „o. dein Gesetz". Die Begründung für eine Änderung fehlt. Wieviel *ein* Buchstabe ausmachen kann, zeigt sich in Ps 75,11: „Alle Hörner der Gottlosen will ich abhauen". Fußnote: „So Mas.T.; andere übersetzen nach Änderung eines Buchstabens: „wird er abhauen".

Sprachlich ist die Übersetzung durch die Rev.-75 stark verbessert worden. Sie liest sich im allgemeinen flüssig. Dazu sei auch auf die in diesem Buch angeführten Bibelstellen verwiesen, die dort, wo keine Überset- zung angegeben ist, nach Elb zitiert werden. Eph 1,3-14 umfaßte in früheren Ausgaben grundtextgemäß einen einzigen Satz. In der revidierten Ausgabe sind acht Sätze daraus geworden. Andererseits wird Tit 1,1-4 nach wie vor in einem einzigen Satz wiedergegeben.

Wie vorsichtig die Revisoren ans Werk gingen, zeigt sich bei verschiedenen Worten und Wendungen; z.B. „Gottseligkeit" in 1. Tim 6,3 bleibt unverändert. Mt 13,15 Elb: „Das Herz dieses Volkes ist dick geworden". Ko übersetzt „Das Herz dieses Volkes ist verdickt".

Wieviel klarer übersetzen
Me: „Das Herz ... ist stumpf (= unempfänglich) geworden"
Wi: „Das Herz ... ist abgestumpft".
Auch Mk 14,5 gehört hierhier:
Elb: „Denn diese Salbe hätte für mehr als dreihundert Denare verkauft und den Armen gegeben werden können."
Ko: „Man hätte doch dieses Würzöl für über dreihundert Denare veräußern und das Geld den Armen geben können."
Das Geld ist für die Armen bestimmt, nicht die Salbe. Elb ist hier konkordanter als Ko.

In Tit 1,5 steht wie früher: „und in jeder Stadt Älteste anstellen solltest". Andere Übersetzungen sagen „einsetzen". Wenn Älteste eingesetzt werden, so hat dies auch geistliche Bedeutung und beinhaltet mehr, als wenn jemand „angestellt" wird.

Einzelne Stellen sind sogar noch unverständlicher als vor der Revision. So hieß es früher in Tit 1,10: „Denn es gibt viele zügellose Schwätzer und Betrüger". Rev.-75: „Denn es gibt viele Unbotmäßige, hohle Schwätzer und Betrüger".

Das Schriftbild der Rev.-75 ist gut zu lesen. Versangaben und Parallelstellen sind seitlich vermerkt.

Die sprachliche Modernisierung einer bewußt genauen und grundtextnahen Übersetzung ist nicht einfach. Eine gewisse Unsicherheit oder Uneinheitlichkeit kann die Folge sein, nicht nur bezüglich sprachlicher Anpassung, sondern auch der Fußnoten. Druckfehler wurden seit der Erstausgabe der Rev.-75 belassen. Man darf erwarten, daß heute noch anzubringende einzelne Vorbehalte vor Veröffentlichung der Gesamtausgabe berücksichtigt werden.

Verlag: R. Brockhaus, Postfach 110152, 5600 Wuppertal 11.

**Zusammenfassung:** Formal grundtextnah und bibeltreu. Höchstwahrscheinlich die zuverlässigste deutschsprachige Übersetzung. Die NT-Revision 75 ist sprachlich vorsichtig angepaßt worden und deshalb flüssiger zu lesen. Besondere Bedeutung kommt den Fußnoten zu, die vorwiegend hinweisen auf andere Handschriften, wörtliche Wiedergaben und Übersetzungsmöglichkeiten. Das revidierte AT erscheint möglicherweise schon 1985.

# AT von Martin Buber

Die Übertragung des AT, die der jüdische Religionsphilosoph 1925 mit Franz Rosenzweig begann und nach dessen Tode allein beendet hat, erschien 1978-1981 als verbesserte Auflage der Neubearbeitung in vier Bänden. Das Hauptanliegen der Verfasser ist die genaue Nachbildung des hebräischen Textes, nicht die Übersetzung in verständliches Deutsch. So wie die ursprüngliche Sprachgewalt nur im *gesprochenen* Hebräisch zum Ausdruck kam, so will er den Leser unter den Einfluß des gesprochenen Hebräisch zurückführen. Der Religionsphilosoph will nicht verständlich zur Umkehr zu Gott rufen, sondern Veränderung durch das Hören auf die Sprache bewirken. Sie ist nicht Übertragung für heute, sondern Rückholung nach gestern. A. Symank schreibt dazu, das Ergebnis sei ein Umschreiben des Hebräischen mit deutschen Buchstaben und Worten, aber es bleibe weiterhin Hebräisch. Buber spreche nur scheinbar deutsch und erwarte „die Heilung des modernen Menschen gerade durch die Gewalt der Sprache selbst, wie sie im AT auf den Menschen einwirkt. Im mächtigen rhythmischen Pulsieren der althebräischen Texte, im Lauschen auf die Laute der Originalwörter – gar nicht so sehr im einzelnen Wort mit seinem Sinngehalt – ergreift der „Geistesbraus“ den Menschen, „um sich in seinem Leben neu zu verleiben“. ([32])

Dem 1. Band (Die fünf Bücher der Weisung) und dem 4. Band (Die Schriftwerke) sind erläuternde Beilagen beigefügt, die näher auf die Absichten der Verfasser eingehen.

Auf Seite 8 der Einleitung zum 1. Band weist Buber darauf hin, daß „unter Nachformen nicht das geistwidrige Unterfangen, eine vorgefundene Form in andersartigem Material zu wiederholen, zu verstehen ist, sondern das Streben, ihr in der andersgesetzlichen Sprache, in die übertragen wird, eine Entsprechung, Entsprechungen zu schaffen. Deutsche Lautgestalt kann nie hebräische Lautgestalt reproduzieren, aber sie kann … ihr deutsch entsprechen, sie verdeutschen".

In der Beilage zum 4. Band geht Buber eingehend darauf ein, wo Ableitungen vom selben Wortstamm mit Ableitungen vom entsprechenden deutschen Wortstamm übersetzt werden und wo radikale Änderungen oder Neuschöpfungen nötig sind. Dabei gelingen ihm großartige Wendungen, aber auch sehr unverständliche Worte wie „ermelden", „verkosten", „erscheinigen", „fruchten" (Frucht bringen), „wurzelverstockt" (unfruchtbar), „eine Bande Künder" (Prophetenhaufe), „Darheiligungen" (heilige Gaben), „Ruch des Geruhens" (Duft des Opferrauchs).

Beim Bibeltext sind weder Versangaben, Anmerkungen noch Parallelstellen zu finden: nichts soll ablenken von der Wirkung der Sprache selbst. Die Anordnung der biblischen Bücher erfolgt nach der hebräischen Bibel.

Einige Textbeispiele und Vergleiche verdeutlichen den Charakter dieser Verdeutschung am besten. Dazu dient hier der Luthertext von 1964:

*1. Mo 1,2*

Lu: „Und die Erde war wüst und leer, und es war finster auf der Tiefe; und der Geist Gottes schwebte auf dem Wasser."

Bu: „Die Erde aber war Irrsal und Wirrsal.
Finsternis über Urwirbels Antlitz.
Braus Gottes schwingend über dem Antlitz der Wasser."

*1. Mo 2,17*

Lu: „Denn an dem Tage, da du von ihm issest, mußt du des Todes sterben."

Bu: „Denn am Tag, da du von ihm issest, mußt sterben du, sterben."

*1. Mo 20,1*

Lu: „und lebte nun als ein Fremdling zu Gerar."

Bu: „und gastete in Grar."

*Ri 5,2*

Lu: „Lobet den HERRN, daß man sich in Israel zum Kampf rüstete und das Volk willig dazu gewesen ist."

Bu: „Da Kriegslocken sich lockten in Jissrael, da ein Volk sich willig hergab, segnet IHN!"

*1. Sam 17,45*

Lu: „Ich aber komme zu dir im Namen des HERRN Zebaoth."

Bu: „Ich komme an dich mit SEINEM des Umscharten Namen."

*2. Sam 22,2*

Lu: „Der HERR ist mein Fels und meine Burg und mein Erretter."

Bu: „DU, mein Schroffen, mein Bergnest, du mir, was mich entrinnen macht."

*2. Chr 16,9*

Lu: „Denn des HERRN Augen schauen alle Lande, daß er stärke, die mit ganzem Herzen bei ihm sind."

Bu: „Denn ER – seine Augen durchschweifen alles Erdland, daß er stark beistehe denen, deren Herz befriedet ist zu ihm hin."

*Ps 12,6*

Lu: „Ich will Hilfe schaffen dem, der sich danach sehnt."

Bu: „In Freiheit setze ich ihn, den man bebläst."

*Ps 23,3*

Lu: „Er erquicket meine Seele.
Er führet mich auf rechter Straße um seines Namens willen."

Bu: „Die Seele mir bringt er zurück, er leitet mich in wahrhaftigen Gleisen um seines Namens willen."

*Ps 90,10*

Lu: „Und was daran köstlich scheint, ist doch nur vergebliche Mühe; denn es fähret schnell dahin, als flögen wir davon."

Bu: „Und ihr Ungestüm ist Mühsal und Harm, wenns mäht, eilends, entfliegen wir."

**Zusammenfassung:** Verdeutschung des hebräischen AT auf der Grundlage jüdischer Religionsphilosophie, als Ausdruck hebräischen Sprachgehalts. Das Wirken des Wortes ist für Buber gebunden an den „Geist der Rede", d.h. an Wortwahl, Satzbau und rhythmische Gliederung. Der Eindruck hebräischer Sprachgewalt ist dabei wichtiger als verständliche Verdeutschung heilbringender Botschaft.

Eindrückliche sprachliche Formulierungen. Oft unverständlich für den, der sich nicht gründlich in diese Verdeutschung hineinarbeitet.

# Konkordantes NT

Die 5. neu überarbeitete Auflage des Konkordanten NT mit Stichwortverzeichnis erschien 1980.

Diese NT-Ausgabe umfaßt außer dem NT-Text: 19 Seiten Erläuterungen zur konkordanten Methodik; Probeseiten mit Kurztext zu den drei ältesten Kodizes (Mehrzahl von Kodex), nämlich Sinaiticus, Vaticanus und Alexandrinus; Skelettübersicht zu den Themen der NT-Schriften; graphische Darstellung zur Veranschaulichung der Beziehungen der Verhältniswörter zu den griechischen Fällen; einfache und mehrfache Verneinungen im Grundtext; unübersetzte griechische Wörter; Hinweise auf Redefiguren in der Stichwortkonkordanz sowie die rund 300-seitige Stichwortkonkordanz.

In den Erläuterungen wird auf die Vorteile einer wortwörtlichen und einheitlichen Übersetzung hingewiesen mit Mt 26,24 und Mk 14,21: „Schön wäre es für Ihn, wenn jener Mensch nicht geboren wäre!" (Ko). Eine einheitliche Übersetzung gleicher griechischer Texte ist in vielen Fällen, jedoch nicht immer richtig.

Dann steht weiter zu diesem Text: „Die Übersetzungen, die dem Wortlaut des Grundtextes folgen, lassen erkennen, daß es nur der Sohn des Menschen sein kann, für den es schön gewesen wäre, Judas wäre nie geboren." Das stimmt jedoch nicht. Diese *mögliche* Übersetzung aus dem Griechischen zeigt, wie sehr man hier ohne Bezug des einzelnen Wortes zur Gesamtaussage und zum Gesamtzeugnis der Schrift übersetzt – und dabei gerade den eigentlichen Sinn verfehlen kann. Das steht im Zusammenhang mit dem theologischen Hintergrund. Elb lautet hier sinngemäß: „Es wäre jenem Menschen gut, wenn er nicht geboren wäre."

Nach den Erläuterungen (XXII) wird in 2. Tim 1,10 ausgesagt, „Christus Jesus hält den Tod auf" (im Zusammenhang mit dem griechischen Aorist: Tatsache, eine unbestimmte Zeitform), und darauf hingewiesen, daß der Zeitpunkt hier nicht in Erwägung gezogen werde. Im selben Zusammenhang wird dann zu Joh 3,16 („denn so liebt Gott die Welt" – Ko) festgestellt: „In Joh 3,16 haben wir jedoch mehr als nur eine abstrakte Idee; denn die genannte Tatsache war von jeher gültig, sie ist es heute noch, und sie wird für alle Zukunft gültig bleiben. Hier handelt es sich also um eine zeitlose Wahrheit."

Schon dies alles zusammengenommen weist auf Allversöhnungstendenzen hin.

Eph 1,4 Elb: „... wie er uns in ihm auserwählt hat vor Grundlegung der Welt". Ko: „so wie er uns in IHM vor dem Niederwurf der Welt auserwählt hat". Wie A. Symank feststellt, stützt sich die Übersetzung bei Ko zwar „auf die Etymologie (Wortforschung, -erklärung, d.Verf.) dieses griechischen Wortes, trifft aber ganz sicher nicht dessen tatsächliche Bedeutung. Das Wort wird einfach im Sinn von ‚Grundlegung' gebraucht." ([33])

Wie sehr die Konkordante Übersetzung auf formale Wiedergabe fixiert ist, geht u.a. aus der Einleitung zur „Ausschließlichkeit" (XV) hervor: „Wie soll es dem schlicht denkenden Leser möglich sein, klar zu erfassen, was in der Heiligen Schrift das Wort „Leben" bedeutet, wenn der Übersetzer es nicht einheitlich und ausschließlich für ein und denselben griechischen Begriff verwendet ..." Das Erfassen des „Lebens" ist nicht allein eine Frage des Buchstabens!

Andererseits wird an verschiedenen Stellen ein Abweichen von der rein konkordanten Methode als notwendig erachtet. Gerade das Abweichen vom streng konkordanten Prinzip macht diese Übersetzung teilweise inhaltlich genauer. „Konkordant“ heißt hier vielmehr „übereinstimmend mit unserer Konkordanz des griechischen Vokabulars gemäß Erläuterungen“ (VIII).

Festgehalten werden darf, daß in der neu überarbeiteten Auflage verschiedene Fehler ausgemerzt worden sind, so z.B. die Einzahl in Lk 11,38 (früher „Taufe“, neu „Waschungen“), und die aktive Form in Apg 22,16 (Taufe neu passiv).

Im Text finden wir Ausdrücke wie „Umsinnung“, „Widerwirker“, „Mitwerker“, „Nahegabe“, „die Altvordern“, „Flügler des Himmels“, „aussprengen“, „Färse“, „fürder“, „kappen“, „löcken“, „schächten“, „hirten“, „unser auskömmliches Brot“ (Mt 6,11), „Man brennt doch nicht eine Leuchte an“ (Mt 5,15), „Gott ist Dir versühnt, Herr!“ (Mt 16,23), „In Ihm haben wir die Freilösung durch Sein Blut, die Vergebung der Kränkungen nach dem Reichtum Seiner Gnade“ (Eph 1,7). Die Übersetzung in Eph 1,7 und an anderen Stellen mit „Kränkungen“ ist viel zu schwach. „Fehltritt“, „Vergehen“, „Übertretungen“, „Sünden“ ist sinngemäßer.

Abschließend folgt ein Textbeispiel aus Ko mit den Angaben, wie sie der Text aufweist:

*Mk 7,6-7*

6 ˙Er [a] antwortete ihnen [s]:
«Trefflich hat Jesaia [bt]von euch
˙Heuchlern ⁻prophezeit, wie geschrie-
ben ˜steht: Dieses ˙Volk ehrt Mich mit
den Lippen, ihr ˙Herz aber ist weit von
7 Mir entfernt; in eitler Weise [a] ver-
ehren sie Mich und lehren die Vor-
schriften der Menschen als Lehre. Je 29 13

Der fettgedruckte Text entspricht dem Grundtext bei den berücksichtigten Handschriften. Im Schwachdruck erscheinen Wörter, die das Griechische nicht benötigt. Hochgestellte Abkürzungen und Symbole sind im Anhang der Übersetzung erläutert. Bibelstellenhinweise sind ebenfalls hochgestellt im Text angegeben. Das jeweilige griechische Wort für ein gewähltes deutsches Wort ist in der Stichwortkonkordanz erwähnt mit dem Hinweis auf die Bibelstellen, an denen es sonst noch vorkommt.

Konkordanter Verlag, 7530 Pforzheim.

**Zusammenfassung:** Im vorliegenden Konkordanten NT ist richtigerweise in verschiedenen Fällen ein Abweichen von der streng konkordanten Methode erfolgt; dennoch bleibt es sehr konkordant. Grundtextnah. Allversöhnungstendenz. Sinnveränderungen. Stichwortkonkordanz. Hinweise auf Handschriften und griechische Sprache.

# Neue-Welt-Übersetzung

Die „Neue-Welt-Übersetzung der Christlichen Griechischen Schriften“ erschien 1963 erstmals als deutsche NT-Ausgabe der Zeugen Jehovas. 1971 folgte die ganze Bibel, übersetzt nach der „revidierten englischen Wiedergabe von 1970 unter getreuer Berücksichtigung der hebräischen, aramäischen und griechischen Ursprache“. Sie wird hier als Beispiel einer von einer Sekte herausgegebenen Bibel aufgeführt.

Die Erklärung der Namen Gottes „Jehova“ und „Adonai“ mit Bibelstellenangaben beansprucht 6½ der insgesamt 14 Seiten des Anhangs der Bibelverse mit besonderen Kommentaren. Die weiteren der behandelten Begriffe sind „Seele“ und „Hades“. Schon diese Einseitigkeit macht klar, daß die NW die Irrlehren der Zeugen Jehovas stützt. Die Ausgabe enthält auch ein kurzes Vorwort und ein Verzeichnis wichtiger Bibelstellen zum Nachschlagen.

*Mt 12,12:* „Wieviel vorzüglicher ist nun ein Mensch als ein Schaf!“ heißt in der NW: „Wenn man alles in Betracht zieht: Wieviel wertvoller ist doch ein Mensch als ein Schaf!“ Die Abwertung des Menschen durch den Einschub wird verständlich, wenn man bedenkt, daß die Zeugen Jehovas nicht an die Unsterblichkeit der Seele glauben und betonen, daß die unter dem Menschen stehenden Tiere Seelen sind oder haben wie der Mensch.

Da die Zeugen Jehovas die unbiblische „Vernichtungslehre“ vertreten, wird Joh 3,16 „damit jeder, der an ihn glaubt, nicht verloren gehe“, zu „nicht vernichtet werde“. Das gilt auch für Joh 10,28. „Verderben“ wird auch zu „vernichten“ in Mt 7,13; Joh 17,12; 1. Thes 5,3;

2. Thes 1,9; 2,3 u.a. „Verloren“ oder „verderben“ sagen noch nichts aus über den endgültigen Zustand, im Gegensatz zu „vernichten“. Das „Kreuz“ wird in NW zum „Marterpfahl“. Verschiedene sprachlich mögliche Übersetzungen rufen nach lehrmäßig biblischer Interpretation.

Textfälschungen zeigen sich im Zusammenhang mit dem Sohn Gottes: Hebr 1,8 „von dem Sohn aber: ‚Dein Thron, o Gott, ist in alle Ewigkeit‘“, wird bei NW: „Aber mit Bezug auf den Sohn: ‚Gott ist dein Thron für immer‘“. Bei NW ist es nicht mehr der Thron des Sohnes, der zugleich Gott ist, sondern Gott ist der Thron des Sohnes. Damit wird die Gottheit des Sohnes und zugleich die Dreieinigkeit geleugnet. Von daher ist auch die im Schriftzusammenhang bei NW falsch wiedergegebene Stelle in Mt 4,3 zu verstehen, auch wenn sie sprachlich möglich ist: „Wenn du Gottes Sohn bist“ wird bei NW zu „Wenn du ein Sohn Gottes bist“.

Nach Joh 17,3 *ist* dies das ewige Leben, „daß sie dich, den allein wahren Gott, und den du gesandt hast, Jesus Christus, erkennen“. Nach NW *bedeutet* dies „ewiges Leben, daß sie fortgesetzt Erkenntnis in sich aufnehmen über dich, den allein wahren Gott, und über den, den du ausgesandt hast, Jesus Christus“. Der persönliche Glaube an den lebendigen Gott und an Jesus Christus, den Sohn Gottes, der Mensch wurde und zur Tilgung unserer Sünde und Schuld den Tod am Kreuz auf sich nahm, *ist* nach der Schrift das ewige Leben. Für die Zeugen Jehovas zählt jedoch „fortgesetzt Erkenntnis in sich aufnehmen“ und somit Selbsterlösung, nicht Gnade. Auch in Joh 1,12 und 3,16 ist bei NW nicht von einem Glaubens*akt* der persönlichen Aufnahme Jesu Christi als Erretter die Rede, sondern vom „Glauben *ausüben*“, also fortgesetztes eigenes Bemühen, andauerndes Tun dessen, was die Zeugen Jehovas lehren.

Hebr 5,9 „und vollendet, ist er allen, die ihm gehorchen, der Urheber ewigen Heils geworden“ lautet in NW: „... wurde er für die ewige Rettung all derer verantwortlich, die ihm gehorchen“. Nicht nur *verantwortlich* wurde der Sohn Gottes für unsere Errettung – Er rief aus: *„Es ist vollbracht!“* Dank sei ihm dafür!

**Zusammenfassung:** Übersetzung der „Zeugen Jehovas“. Frühere Fußnoten sind in den Text der Gesamtausgabe eingefügt worden. Stark geprägt von den Irrlehren dieser Sekte, sowohl im Text als auch im Anhang.

# Luther-Bibel

Die Lutherbibel ist allgemein bekannt. Zu den Übersetzungsgrundsätzen Luthers wie auch zu Problemen im Zusammenhang mit Bibelrevisionen wird auf Kapitel 7 verwiesen. Für das AT gilt der Text von 1964. Beim NT muß zwischen den Revisionen von 1956 und 1975 unterschieden werden. Zum NT 1984 siehe Anhang.

Das AT 64 weist aufgrund einer besseren Kenntnis der hebräischen Sprache gegenüber dem Text von 1912 starke sprachliche Verbesserungen auf. In Jes 27,12 wird „worfeln" zu „Ähren ausklopfen", in Jer 7,11 „Mördergrube" zu „Räuberhöhle". Lu 64 übersetzt in Ps 84,7 nicht mehr „Jammertal", sondern „durchs dürre Tal". Der nachfolgende „Quellgrund" und „Frühregen" in diesem Vers wird dadurch um so eindrücklicher. „Weib" wird in Lu 64 jedoch nicht überall durch „Frau" übersetzt (z.B. in 1. Mo 3 und Ps 128,3). Der „Berg des Tempels" in Jer 26,18 bleibt. Zü übersetzt hier „Tempelberg". Die „Kinder der Propheten" z.B. in 2. Kö 9,1 sind jetzt „Prophetenjünger". Vergleiche auch ([34]).

Weitere Beispiele sprachlicher Verbesserungen:

*1. Sam 13,21*

Lu 12: „Und die Schneiden an den Sensen und Hauen und Gabeln und Beilen waren abgearbeitet und die Stachel stumpf geworden."

Lu 64: „Das Schärfen aber geschah für ein Zweidrittellot Silber bei Pflugscharen, Hacken, Gabeln, Beilen und um die Stacheln gerade zu machen."

*Pred 3,11*

Lu 12: „Er aber tut alles fein zu seiner Zeit und läßt ihr Herz sich ängsten, wie es gehen solle in der Welt ..."

Lu 64: „Er hat alles schön gemacht zu seiner Zeit, auch hat er die Ewigkeit in ihr Herz gelegt."

Das AT-64 hat jedoch nicht nur sprachliche Verbesserungen gebracht. Notwendige inhaltliche Berichtigungen blieben aus. Zur Illustration einige Vergleiche:

*Ps 8,6*

Lu 64: „Du hast ihn wenig niedriger gemacht als Gott."

Elb: „Denn du hast ihn wenig geringer gemacht als Engel."

Zü: „Du machtest ihn wenig geringer als Engel."

*Ps 22,9*

Lu 64: „Er klage es dem HERRN, der helfe ihm heraus."

Elb: „Er hat es auf den HERRN gewälzt, der rette ihn."

Zü: „Er warf's auf den Herrn."

Bedeutungsunterschied zwischen klagen und auf den HERRN wälzen oder werfen!

*Ps 68,20*

Lu 64: „Gelobt sei der Herr täglich. Gott legt uns eine Last auf, aber er hilft uns auch."

Me: „Gepriesen sei der Allherr! Tag für Tag! Uns trägt der Gott, der unsre Hilfe ist."

Sch: „Gepriesen sei der Herr! Tag für Tag trägt er unsere Last, der Gott unsres Heils! –

Welch ein Unterschied in der Aussage, ob Gott uns eine Last auflegt oder ob er uns trägt.

*Ps 148,14*

Lu 64: „die Kinder Israel, das Volk, das ihm dient."
Elb: „das Volk, das ihm nahe ist." (ebenso Sch)
Zü: „das Volk, das ihm nahesteht."

Lu 64 verschiebt den Sinn von der „Beziehung" zum „Dienen"!

Einige Beispiele zur sprachlichen Verbesserung des NT-Luthertextes von 1912 bis 1975:

*Joh 10,12*

Lu 12: „Der Mietling aber, der nicht Hirte ist"
Lu 56: wie Lu 12
Lu 75: „Der bezahlte Knecht aber, der kein richtiger Hirte ist"

*Röm 1,29*

Lu12: „Hader, List, giftig, Ohrenbläser"
Lu 56: „Hader, List, Tücke, Ohrenbläser"
Lu 75: „Streit, Arglist, Niedertracht, Zuträger"

*Röm 7,7*

Lu 56: „Das sei ferne! (wie in Lu 12)
Lu 75: „Gewiß nicht!"

*2. Kor 5,17*

Lu 56: „Das Alte ist vergangen, siehe, es ist alles neu geworden!"
Lu 75: „... siehe, ein Neues ist geworden!"

*Hebr 4,12*

Lu 12: „schärfer denn kein zweischneidig Schwert"
Lu 56: „schärfer denn ein zweischneidig Schwert"
Lu 75: „schärfer denn jedes zweischneidige Schwert"

Das Lu-NT 75 übersetzt jedoch oft nicht mehr sinngemäß, wie die folgenden Beispiele belegen:

*Mat 28,20*

Lu 56: „Und siehe, ich bin bei euch bis an der Welt Ende"
Lu 75: „... bis an das Ende der Welt" (ebenso Zü)
Elb: „.... bis zur Vollendung des Zeitalters"
Sch: „... bis ans Ende der Weltzeit"

Lu und Zü können zu einer falschen Auslegung führen.

*Joh 13,27*

Lu 56: „Was du tust, das tue bald!"
Lu 75: „Was du tun mußt, das tu bald!"
Zü: „Was du tun willst, tue bald!"
Elb: „Was du tust, tu schnell!"
GN: „Beeile dich und tu, was du zu tun hast!"

Lu 75 kann hier ebenso falsch ausgelegt werden wie GN: Ein Freipaß für bald jede Handlung mit der Entschuldigung des „Tun Müssens", einer „Zwangshandlung" oder der Abschiebung von Schuld auf den „Auftraggeber".

*Hebr 9,14*

Lu 56: „Wieviel mehr wird das Blut Christi ... unser Gewissen reinigen von den toten Werken, zu dienen dem lebendigen Gott!"
Lu 75: „... unser Gewissen von den todbringenden Werken reinigen, damit wir dem lebendigen Gott dienen!"

Das Blut Jesu reinigt uns von allen Werken, die Gott nicht gefallen und deshalb tot *sind* (nicht nur von jenen, die todbringend *wirken*).

<u>*1. Joh 5,20*</u>

Lu 56: „der Sohn Gottes ... hat uns einen Sinn dafür gegeben, daß wir erkennen den Wahrhaftigen."

Lu 75: „... und uns fähig gemacht hat, den Wahrhaftigen zu erkennen."

Nein, der Sohn Gottes hat uns nicht „fähig gemacht". Diese Aussage verschiebt den Schwerpunkt. Nur wenn Gottes Geist uns erleuchtet, können wir den Wahrhaftigen erkennen! Es bleibt Gnade, nicht eigene Fähigkeit.

Die „Lutherbibel erklärt" (1974, 1982) mit „Erläuterungen für die bibellesende Gemeinde" wird in einem kurzen Vorwort charakterisiert. Hier wird u.a. festgestellt: „Auf die Bibel ist angewiesen, wer zum Glauben an Gott und an Jesus Christus kommen und gerettet werden will. Wir können uns die Vergebung Jesu und seine Verheißung nicht selbst sagen."

Die Erklärungen sind gemäß Vorwort von 51 Theologinnen und Theologen erarbeitet worden in der Bereitschaft, aufeinander zu hören. Die Bearbeiter unterstützen den Redaktionsausschuß, der bemüht war, die theologische Einheit zu wahren.

Aus den Grundsätzen: „Darum ist die Bibel verläßlich im Blick auf das, was Gott tat, tut und tun wird, und verbindlich im Blick auf das, was Gott nach seinem Wort von den Menschen getan haben will." „Die Erklärungen ... wollen nicht hinter den Bibeltext zu einer Urform der Quellen zurückgehen. Ebenso verzichten sie darauf, kritische Deutungen des biblischen Wortes vornehmen zu wollen ... Dennoch wurden bei der Abfassung der Erklärungen die Ergebnisse der historischen Erforschung der Bibel und ihrer Umwelt bedacht. Doch ist darauf verzichtet worden, sie in gedrängter Kürze darzulegen und damit unsachgemäß wiederzugeben ...

Zum Glauben helfen, den Gehorsam fördern, das Wissen vertiefen, Freude wecken und Zweifel beheben will Gottes Wort zu unserem Heil und Gottes Ehre."

Das erwähnte Ziel und viele Hinweise sind erfreulich. Trotz der Ablehnung kritischer Deutungen des biblischen Wortes werden jedoch bibelkritisches Gedankengut und „Ergebnisse" der historisch-kritischen Forschung sichtbar:

Die Bibel ist nach den Grundsätzen nur teilweise und nicht in allen Teilen und ohne Vorbehalt verläßlich und verbindlich: „... im Blick auf das, was Gott tat, tut und tun wird", und „im Blick auf das, was Gott nach seinem Wort von den Menschen getan haben will."

Die Einleitung zu Jes 40-55 ist von der historisch-kritischen Forschung geprägt bezüglich Verfasserschaft und Entstehungszeit. Das gilt auch z.B. für die Einleitung zum Markus-Evangelium. Zur Verfasserschaft durch Johannes Markus (Apg 12,12) wird u.a. festgestellt: „Doch ist sie umstritten."

Im Zusammenhang mit der Taufe wird auch der Sakramentalismus sichtbar in den Erklärungen, z.B. zu Mt 18,18-20: „... Darum kann man jetzt auch auf seinen Namen taufen, d.h. die Sünden abwaschen und ihm unterstellen." Zu Apg 2,42f: „Wer durch die Taufe zum Volk Gottes hinzugetan ist ..." Zu 1. Kor 12,13: „Christus nimmt den Christen in der Taufe als ein dienstbereites Glied in seinen Leib auf." Bei der Mitarbeit von 51 Theologinnen und Theologen gelingt es nicht, die theologische Einheit zu bewahren und gleichzeitig ganz bei der Wahrheit zu bleiben.

Verlag: Deutsche Bibelgesellschaft, Postfach 810340, 7000 Stuttgart 80.

**Zusammenfassung:** Die Sprache der Lutherbibel ist wohl nach wie vor unübertroffen. Sprachliche Verbesserungen in der Lutherbibel 1956/1964 und verstärkt im NT 1975. War schon die frühere Lutherbibel inhaltlich oft ungenau, so kommen im NT 75 noch Sinnveränderungen hinzu. Die Erläuterungen zur „Lutherbibel erklärt" enthalten neben ausgezeichneten Hinweisen historisch-kritisches Gedankengut und sind auch vom Sakramentalismus geprägt.

Angaben zum NT 1984 finden sich im Anhang.

# Neue Scofield Bibel

Die englische Ausgabe der Scofield Bibel erschien erstmals 1909. Ein Komitee von neun Wissenschaftlern hat diese Bibel und ihren Erläuterungsapparat ganz im Sinne des Verfassers C.J. Scofield durchgearbeitet und erweitert, um die jüngsten Ergebnisse der wissenschaftlichen Forschung und Archäologie zu verwerten. 1967 erschien die Arbeit als „The New Scofield Reference Bible“ und ist zugleich Grundlage für die deutsche Übersetzung von 1972.

Für diese Studienbibel wird der Luthertext von 1912 verwendet, wobei einzelne Unzulänglichkeiten der Sprache durch Anmerkungen erläutert werden. Das entscheidende Merkmal dieser Ausgabe liegt jedoch nicht im Bibeltext, sondern in den weiteren Angaben:

Einleitung und Übersicht zu jedem Buch der Bibel geben Antwort über Aufbau, inneren Zusammenhang, Verfasser, Zeitpunkt der Niederschrift usw. Umfangreiche Fußnoten erklären Wörter, Zusammenhänge, biblische Begriffe; vermitteln Lebensläufe und erläutern typische Vorbilder, die Offenbarung Gottes, die Person und das Werk Jesu Christi. Mittel- oder Seitenspalten enthalten Tausende von Parallelstellen sowie Hinweise auf erklärende Texte und Angaben zur Übersetzung. Ketten-Angaben, das besondere Merkmal dieser Bibelausgabe, verfolgen wichtige Lehren und Themen durch die ganze Bibel mit einer jeweiligen Zusammenfassung. Die Inhaltsverzeichnisse zu den Themen-Ketten und zu den Fußnoten erleichtern das Nachschlagen.

Grundlegend für diese Bibelausgabe ist das Ja zur „vollständigen Inspiration und Unfehlbarkeit der Heiligen Schriften". „Der Grundsatz, mit dem das herausgebende Komitee seine Aufgabe übernahm, ist der, daß die Heiligen Schriften selbst das Kriterium der Wahrheit sind" (Einleitung der englischen Ausgabe von 1967).

Die bibeltreue Haltung zeigt sich schon bei der Einleitung zum Pentateuch, die die Verfasserschaft des Mose vertritt und die Einwände der Kritiker beantwortet. Die Überschrift zum Schöpfungsbericht in 1. Mo 2 lautet nicht, wie bei verschiedenen anderen Bibelausgaben, „ein zweiter, ein anderer Schöpfungsbericht" usw., sondern „Weitere Einzelheiten über die Erschaffung des Menschen". Dieselbe bibeltreue Haltung finden wir in der gesamten Ausgabe.

Zu den Fußnoten: Die gleiche Überzeugung kommt auch hier zum Ausdruck. Einwände der Bibelkritiker werden nicht umgangen, sondern entkräftet und widerlegt. Schon zum 1. Vers der Bibel steht, die Bibel beginne mit Gott und nicht mit philosophischen Beweisen seiner Existenz.

Die Fußnoten sind gründlich und umfassend für alle wichtigen biblischen Themen und Begriffe. Wer einen bestimmten Begriff studieren will, findet den Zugang leicht vom Verzeichnis der Fußnoten aus.

Die Kettenangaben neben der Textspalte führen den Leser von der ersten Erwähnung z.B. einer biblischen Lehre durch die ganze Bibel hindurch bis zur letzten und dann zu einer Zusammenfassung. Die Kettenangabe bei einer bestimmten Bibelstelle verweist auf die nächste Stelle. In Klammern steht dann zuerst die Stelle, wo das Thema in der Bibel das erstemal vorkommt; die zweite gibt an, wo die Zusammenfassung steht.

Mit diesem Erläuterungs- und Kettensystem ist demjenigen, der anhand der Bibel in die biblischen Wahrheiten eindringen will, ein ausgezeichnetes Werkzeug in die Hand gegeben. Dies auch dann, wenn er nicht mit allen Anmerkungen einverstanden ist.

**Zusammenfassung:** Studienbibel im Luthertext von 1912. Bibeltreu, auch in den Anmerkungen. Biblische Lehren und Begriffe können mittels Kettenangaben durch die ganze Bibel hindurch verfolgt werden. Einleitungen, Parallelstellen, Fußnoten.

# NT von Johann Albrecht Bengel

In Kapitel 7 wurde diese Übersetzung ausführlich erwähnt. Die Erstausgabe von 1753 ist 1974 als neu durchgesehene Auflage im Buchhandel erschienen.
Der Herausgeber erwähnt im Vorwort u.a.: „Die meisten neueren Übersetzer bemühen sich, den Urtext in ein dem heutigen Menschen leicht verständliches Deutsch zu übersetzen. Das geht jedoch manchmal auf Kosten der Genauigkeit. ... Das Buch wird in erster Linie für solche Leser wertvoll sein, die des Griechischen nicht kundig sind und neben Luther noch eine Übersetzung benützen wollen, die noch genauer den Grundtext wiedergibt. Aber auch dem geschulten Leser wird dieses letzte Werk des großen Schriftforschers Bengel viel Interessantes und Anregendes bieten."

Weiter erwähnt der Herausgeber die Anpassung der Rechtschreibung und Zeichensetzung an heutige Regeln und verschiedene Beifügungen aufgrund von Mängeln in der Übersetzung durch Bengel.

Worin liegt denn das Besondere dieser NT-Ausgabe? Einerseits in der umfangreichen 19-seitigen Vorrede (vgl. Kapitel 7). Sie weist auf das große Bemühen Bengels zur Wiederherstellung eines genaueren Grundtextes, auf die Sprach- und Textforschung und damit zusammenhängende Fragen hin. Andererseits in den vielen in kleinerer Schrift und in separaten Abschnitten vom Bibeltext abgehobenen, vorwiegend lebensnahen Anmerkungen und Gebeten, die anregend und hilfreich sind – auch wenn man nicht mit allen einverstanden ist.

Da die „Bengel-Übersetzung" noch nicht der heutigen Kenntnis der griechischen Sprache entspricht und vor allem durch Vorrede und Anmerkungen wertvoll ist, verzichten wir hier darauf, näher auf den Bibeltext einzugehen. Anhand einiger Stellen sollen jedoch Bibeltext und vor allem Anmerkungen andeutungsweise charakterisiert werden:

*Mt 13,46*

„Und da er eine einzige kostbare Perle fand, ging er hin und verhandelte alles, was er hatte, und kaufte dieselbe."

‚eine einzige', da hat man's fein beisammen.
‚verhandelte' das heißt absagen alle dem, was man hat.

*O Gott, laß mich das einzige Notwendige niemals vergessen.*

*Mk 10,17*

„Und da er auf den Weg hinausging, lief Einer hinzu, tat ihm einen Fußfall und fragte ihn: Guter Meister, was soll ich tun, daß ich das ewige Leben ererbe?"

‚lief einer hinzu'. Ein solcher geschwinder Anlauf erliegt oft bald.

*Apg 8,20*

„... Dein Geld samt dir müsse verloren sein, weil du das Geschenk Gottes vermeint hast durch Geld zu kriegen."

‚vermeint hast'. Die Sünde und Schuld ist allermeist im Herzen (V. 21.22).

*Eph 6,24*

„Die Gnade mit allen, die da lieben unseren Herrn Jesum Christum unversehrt."

‚lieben'. Siehe, wie viel an dieser Liebe gelegen ist (1. Kor 16,22). Hast du Jesum lieb?

*Herr Jesu! Ich müsse in deiner Liebe immer grünend erfunden werden.*

*Phil 2,20*
„Denn ich habe sonst kein anderes Ich, der eurethalben redlich besorgt sein wird."

‚kein anderes Ich'. Paulus will sagen: wo Timotheus ist, da ist es, als ob ich zugegen wäre.

Abschließend doch noch zwei Übersetzungsbeispiele, in denen Bengel genauer übersetzt als Lu 75 respektive Lu 56:

*Lk 2,43*

| | |
|---|---|
| Lu 12/56: | „das Kind Jesus" |
| Lu 75: | „Jesus, ihr Kind" |
| Be: | „Jesus, der Knabe" |
| Elb: | „der Knabe Jesus" |

*Offb 5,6*

| | |
|---|---|
| Lu 12/56: | „ein Lamm, wie wenn es erwürget wäre" |
| Lu 75: | „ein Lamm stehen, das war geschlachtet" |
| Be: | „ein Lämmlein stehen, wie geschlachtet" |
| Elb: | „ein Lamm stehen wie geschlachtet" |

**Zusammenfassung:** NT-Ausgabe von 1753, neu durchgesehen. Der damaligen Kenntnis des Griechischen entsprechend. Auch wenn das NT von Bengel teilweise genauer ist als die ursprüngliche Lutherübersetzung, genügt sie heutigen Anforderungen weder wissenschaftlich noch sprachlich. Interessant ist die umfangreiche Vorrede zu Übersetzungsfragen. Viele der erbaulichen Anmerkungen sind wertvoll.

# Zürcher Bibel

Wie die Lutherbibel reicht auch die Zürcher Bibel ins 16. Jahrhundert zurück. Bei den früheren Revisionen der Lutherbibel wurde darauf geachtet, die Kraft und Schönheit der Sprache Luthers zu bewahren. Bei der Zürcher Bibel war das Ziel der Revisionen eine immer genauere Wiedergabe des Grundtextes in einer klaren, verständlichen Sprache. Bei der Lutherbibel wurde nur sehr vorsichtig verändert. Revisionen der Zürcher Bibel sind viel eher Neuübersetzungen. Sie ist genauer als die Lutherbibel. Die letzte Revision wurde 1931 abgeschlossen.

Die Synode der evangelisch-reformierten Landeskirche des Kantons Zürich hat Ende Januar 1984 die Bildung einer Kommission beschlossen, die innerhalb von zwei Jahren Vorarbeiten leisten und dann aufgrund von vorläufigen Übersetzungsarbeiten und grundsätzlichen Feststellungen einen Antrag für den definitiven Übersetzungsauftrag einreichen soll. Man rechnet damit, daß die Revision – wird ihr definitiv zugestimmt – bis zum Jahre 2000 dauert.

Stimmen, die zur Vorsicht mahnen, weisen darauf hin, daß besonders das AT 1931 des Hauptrevisors J. Hausheer ein Meisterwerk sei. Zur Überprüfung der wissenschaftlichen Zuverlässigkeit aufgrund der Fülle von textkritischen Forschungsergebnissen stellt P. Vogelsanger u.a. fest:

„Grundsätzlich ist dem kaum etwas Stichhaltiges zu entgegnen, und mit der Wissenschaftlichkeit kann man immer imponieren. Es muß aber sofort beigefügt werden, daß erstens überzeugende Beweisstücke bisher nicht vorgelegt worden sind und daß zweitens diese Forschungsergebnisse – ich stütze mich da auf die Aussagen hervorragender Wissenschaftler des Alten und des Neuen Testamentes – kaum irgend etwas theologisch oder religiös Relevantes, sondern lauter für den Laien völlig unwichtige und zudem umstrittene Varianten zutage gefördert haben ... Gewiß, der Text von Jakob Hausheer arbeitet mit zahlreichen, oft genialen, aber auch eigenwilligen Konjekturen (Textvermutungen, wo der hebräische Urtext offenkundig verdorben oder einfach unverständlich ist). Aber kaum einer hat bis jetzt bessere Konjekturen vorgebracht." ([35])

Für das NT wird auch von denen, die zur Vorsicht mahnen, eine sprachliche Überarbeitung des deutschen Textes gefordert.

Befürworter der Revision halten dem entgegen, neueste Forschungsergebnisse müßten beim AT und beim NT berücksichtigt werden. Zu den Grundsätzen der Bearbeitung wird im wesentlichen ausgeführt:

„Es soll eine Textfassung von hohem sprachlichem und wissenschaftlichem Rang bleiben, die gleichzeitig als Kirchen-, Volks- und Studienbibel Verwendung finden kann. Oberste Priorität hat die *Texttreue* auf der Basis heutiger textkritischer und exegetischer Erkenntnis der Bibelwissenschaften. Der Revision des Alten Testaments ist der masoretische Text der wissenschaftlich anerkannten Handschriften zugrunde zu legen. Für das Neue Testament gilt der von der neueren Forschung ermittelte Text ... Die Sprache der Übersetzung soll eine dem Urtext angemessene Sprachebene einhalten und weder antiquiert noch modernistisch, weder manieriert noch vulgär wirken. Die sachliche und historische Distanz des Bibeltextes zur heutigen Zeit soll auch in der Übersetzung erkennbar bleiben; von unmittelbaren Aktualisierungen des Bibeltextes ist demnach Abstand zu nehmen." ([36])

P. Walther stellt fest, der Kirchenrat habe sich eindeutig zugunsten einer Weiterführung der Zürcher Bibel als *eigenständiges Werk* ausgesprochen. Dies im Unterschied zu anderen Stimmen, die anstelle einer eigenen Übersetzung – nicht zuletzt aus ökumenischen Erwägungen – zur Übernahme des neutestamentlichen Textes beispielsweise aus der Einheitsbibel geraten hatten: Auch solle sich die Zürcher Bibel nach Meinung der vom Kirchenrat eingesetzten Fachgruppe „eindeutig vom gegenwärtig in Deutschland herrschenden Trend unterscheiden, für verschiedene Benützergruppen verschiedene Übersetzungen anzufertigen." ([37])

Eine Neuausgabe der Zürcher Bibel wird also voraussichtlich sprachlich teilweise besser und zugleich verstärkt von der textkritischen Forschung geprägt sein. Doch wenden wir uns jetzt noch der heute vorliegenden Zürcher Bibel von 1931 zu:

Viele veraltete Wörter und Wendungen sind heute nicht mehr verständlich oder haben einen anderen Sinn: „abstehlen" (Jer 23,30) ist heute „stehlen"; „Weib" ist an vielen Stellen noch nicht ersetzt worden. „Geifer" (1. Sam 21,14), „Geziefer" (5. Mo 14,19) oder „binnen" (Esr 10,8) versteht man nicht mehr. ([vgl. 38])

Interessant ist ein Vergleich von *2. Kö 18,17:*

Lu 56: „hielten sie an der Wasserleitung des oberen Teiches, der an der Straße bei dem Acker des Walkers liegt."

Bu: „und blieben stehn bei der Rinne des obern Teichs, die auf der Straße nach dem Wäscherfeld ist."

GN: „der Teich liegt an der Straße, die zum Tuchmacherfeld führt."

Br: „und nahmen … an der Straße nach dem Wakkerfeld hin Aufstellung."

Zü: „stellten sie sich bei der Wasserleitung des obern Teiches an der Walkerfeldstraße auf.“

„Walker“ wird heute nur noch von älteren Leuten verstanden. „Wäscherfeld“ und „Tuchmacherfeld“ sind verständlicher, weisen jedoch nicht mehr auf den Besitzer des Feldes hin. „Wacker ...“ (Br) ist bedeutungslos. Die „Walkerfeldstraße“ geht völlig auf in einer einfachen Straßenbezeichnung, bei der wir heute meist nicht mehr auf die Herkunft der Bezeichnung achten.

Wesentlich bei der Zürcher Bibel ist jedoch, daß bibelkritische Anmerkungen vorkommen und der masoretische AT-Text verschiedentlich zugunsten der Septuaginta oder anderer älterer Übersetzungen vernachlässigt wird, ohne Hinweis für den Leser.

Die im Oktober 1931 versprochene „wissenschaftliche Beilage“ konnte, wie der Verlag im Nachwort zur zweiten Ausgabe (1954) mitteilt, „bedauerlicherweise bis heute nicht erscheinen“ und wird „kaum noch im beabsichtigten Umfang erscheinen“. Davon wird nun angesichts der bevorstehenden Revision nicht mehr die Rede sein.

Im Anhang zum NT finden sich verschiedene bibelkritische Hinweise, z.B. „Für die ganze Christenheit sind einzelne Briefe sowie die Evangelien und die Apostelgeschichte bestimmt, aber auch sie geben sich ... ganz schlicht als Werke ihrer Verfasser.“

In den Anmerkungen zum Bibeltext steht oft z.B. „Die Übersetzung dieses Verses ist unsicher“ (2. Mo 12,42); „Die Schlußworte sind unverständlich“ (1. Sam 14,14); „Vielleicht hieß es ursprünglich ...“ (2. Mo 24,11); „wahrscheinlich ein späterer Zusatz“ (Ri 5,5); „Die letzten Worte des Verses sind nicht übersetzbar“ (2. Chr 31,18). Robert Steiner schreibt dazu, daß diese und ähnliche Bemerkungen in vielen Fällen nicht zutreffen. ([39])

Die Überschrift zu 1. Mo 2 lautet: „Eine andere Erzählung von der Schöpfung“. Jes 1,18 steht als Frage im Text: „Wenn eure Sünden sind wie Scharlach, können sie dann weiß werden wie Schnee?“ – und nur in der Fußnote als Tatsache. Auch wenn in Jes 7,14 „Jungfrau“ als Anmerkung aufgeführt wird, so ist der Bibeltext: „Siehe, das junge Weib ist schwanger und gebiert einen Sohn“ mißverständlich, weil die Tatsache der Unberührtheit verloren geht.

Zu Joh 7,38 wird in der Anmerkung einfach behauptet: „Die hier enthaltenen Worte finden sich nicht im Alten Testament; sie sind einem uns unbekannten Buch entnommen, das dem Verfasser offenbar als heilige Schrift galt.“ Da finden wir selbst bei modernen Übersetzungen zutreffendere Stellungnahmen: Wi schreibt, eine genau entsprechende AT-Stelle sei nicht zu finden, und erwähnt dann mögliche Stellen. So auch Ei und GN.

Ähnlich in der Anmerkung zu Eph 5,14. Zü: „Diese Stelle findet sich im Alten Testament nirgends; sie ist vielleicht einem uralten christlichen Hymnus entnommen, der dem Verfasser als heilige Schrift galt.“ Wi und Ei verweisen einfach auf die „wahrscheinliche Herkunft“ dieser Stelle; GN gibt in der Fußnote ohne weitere Bemerkung zwei NT-Stellen und zwei AT-Stellen an. Ho führt diese Stellen als normalen Textbestandteil auf ohne Anmerkung.

Zum NT erwähnt Robert Steiner, die Übersetzung weiche an etwa hundert Stellen vom Grundtext ab. ([40])

In 1. Kor 6,11: „Aber ihr habt euch (in der Taufe) abwaschen lassen, ja, ihr seid geheiligt worden, ja, ihr seid gerechtgesprochen worden durch den Namen des Herrn Jesus Christus“ steht die Klammerbemerkung (in der Taufe) nicht im Grundtext. Sie entspricht dem theologischen Verständnis der Herausgeber: „Worte ... die sich in ihm nicht finden, aber dazu dienen, ihn noch besser verständlich zu machen". Das gleiche gilt für Gal 2,19: „Denn ich bin (bei Annahme der Taufe) durch das Gesetz dem Gesetz (dazu) gestorben, damit ich Gott lebe."

Abschließend zum Kirchenverständnis Eph 1,22-23: „Und alles hat er seinen Füßen unterworfen und hat ihn zum Haupt über alles der Kirche gegeben, die sein Leib ist ..." In der Anmerkung zu „Kirche" wird festgestellt, dieses Wort betreffe sonst die „einzelne Gemeinde", hier und in ... jedoch die „ganze Christenheit". „Leib Christi", „Kirche", „einzelne Gemeinde", „ganze Christenheit" sind also dasselbe. Das ökumenische Gemeindeverständnis ist offensichtlich.

Theologischer Verlag AG, Brauerstraße 60, 8004 Zürich.

**Zusammenfassung:** Ausgabe von 1931 unter Berücksichtigung wissenschaftlicher Forschung. Grundtextnah. Willkürliche Interpretation unklarer Textstellen und Vernachlässigung des masoretischen AT-Textes. Bibelkritische Anmerkungen. Sakramentalismus. Ökumenisches Kirchenverständnis. Revision/Neubearbeitung in Vorbereitung.

# Menge-Bibel

Die Übersetzung von Hermann Menge erschien erstmals 1926. Heute ist der unveränderte Nachdruck der 11. Auflage (1949) im Handel.

Der Übersetzer schreibt im Vorwort zur 1. Auflage u.a.: „Ich habe mir zunächst immerdar die Mahnung Luthers zu Herzen genommen: ‚Das Wort sie sollen lassen stahn‘ und mich daher überall bemüht, mit philologischer Genauigkeit ... die Übersetzung im engen Anschluß an den biblischen Urtext so treu wie möglich zu gestalten, d.h. nicht sowohl in ängstlicher Weise am Buchstaben zu kleben, als vielmehr sinngetreu zu übersetzen, ohne zu dem Überlieferten etwas hinzuzutun noch etwas davon wegzulassen ... Sodann ist es mein ernstes Bestreben gewesen, ... auch auf die Wiedergabe der Stimmung und Färbung jedes Buches oder Abschnittes, ja jeder Stelle bedacht zu sein ...“

Daß Menge nicht versucht hat, unklare Stellen, die verschiedene und gleichberechtigte Erklärungen offenlassen, einfach nach Gutdünken zu interpretieren, geht ebenfalls aus dem Vorwort hervor: „Derartige Stellen habe ich durchweg so behandelt, daß ich die Worte des Urtextes mit möglichster Genauigkeit wiedergegeben und dem Leser die Aufgabe überlassen habe, durch eigenes Nachdenken zur Ergründung des Sinnes zu gelangen und sich selbst ein Urteil zu bilden.“

Menge hat bei der Neubearbeitung in der 11. Auflage einzelnen Wörtern und Wendungen oft Zusätze in Klammern beigegeben zur Verdeutlichung. Dabei handelt es sich z.B. um gleichbedeutende Ausdrücke oder andere Übersetzungsmöglichkeiten. Ausführlichere Erklärungen finden sich in den Fußnoten.

Kurze Inhaltsübersicht zu den biblischen Büchern, häufige Zwischentitel und vor allem der 82-seitige „heilsgeschichtliche Wegweiser" im Anhang sind hilfreich. Dieser Wegweiser enthält kurze stichwortartige Erklärungen und viele Bibelstellen. Diese sind nach Hermann Menge „so ausgesucht, daß ein Einblick in den jeweiligen Gegenstand gewonnen werden kann und daß dem fleißigen Bibelforscher noch Entdeckerfreuden übrig bleiben."

Der Vergleich einiger bei anderen Übersetzungen behandelter Stellen ergibt folgendes Bild:

*Ps 46,3*
Elb: „wenn auch die Erde erbebte"
Me: „wenn gleich die Erde vergeht"
Sch: „wenn auch die Erde weicht"
Elb hat Mas. T. nur in Fußnote: gewandelt (o. geändert)

*Ps 77,7*
Elb gibt den masoretischen Text nur in der Fußnote. Bei Bu, Me und Sch findet sich das „Saitenspiel" des masoretischen Textes im Bibeltext.

*Ps 13,3*
Bei Elb und Me sind die „Sorgen" im Text und die wörtliche Übersetzung „Ratschläge" (Elb), „Ratschläge, Pläne" (Me) in der Fußnote. Sch hat hier „Sorgen" im Text und keine Fußnote, ist also weniger zuverlässig.

*Ps 12,6*
Elb: „Ich will in Sicherheit stellen den, gegen den man schnaubt"
Me: „Ich will Rettung schaffen dem, der danach verlangt"
Sch: „Ich will ins Heil versetzen den, der sich darnach sehnt"

Elb erwähnt in der Fußnote die wörtliche Übersetzung „ins Heil“, die von Sch in den Text selbst übernommen wurde.

*Ps 76,5*

Elb Text: „Berge des Raubes“
FN : LXX-Text „die ewigen Berge“
(FN = Fußnote)
Me Text: „ewigen Berge“
FN : „a.ü.: mehr als die Berge des Kampfes. – a.l.: von den Raubbergen (Edoms) her.“
Sch Text: „Berge von Beute (die du gemacht)“

Me und Elb bieten hier mehr Information. Sch bedeutet eine Einengung.

*Ps 35,28*

Elb hat hier mit „meine Zunge soll hersagen deine Gerechtigkeit“ und der wörtlichen Wiedergabe in der Fußnote (halblaut lesen, murmelnd bedenken) das Hebräische wohl ausgezeichnet wiedergegeben. Das ist bei Me mit „verkünden“ (ohne Fußnote) nicht der Fall. Wenn hier Sch übersetzt: „meine Zunge soll dichten von deiner Gerechtigkeit“, dann bringt er wohl das Ergriffensein von der Gerechtigkeit Gottes und die Weitergabe aus dem Jubel heraus (V. 27) zum Ausdruck. „Dichten“ geht jedoch nach heutigem Verständnis über die Weitergabe von *Tatsachen* hinaus. Bu verdeutscht hier treffend: „und austönen wird meine Zunge deine Bewährung“. Austönen! Das heißt doch: Mitten aus dem Erleben der Gerechtigkeit Gottes (Bu: Bewährung) und der Freude heraus tönt die Gerechtigkeit Gottes weiter.

*Röm 11,12*

Elb: „Wenn aber ihr Fall der Reichtum der Welt ist und ihr Verlust der Reichtum der Nationen“

Me: „Wenn aber schon ihre Verfehlung ein reicher Segen für die Menschheit und ihr Zurückbleiben ein reicher Segen für die Heiden geworden ist“

Sch: „Wenn aber ihr Fall der Reichtum der Welt und ihr Verlust der Reichtum der Heiden geworden ist“

Me bietet hier die genaueste Übersetzung.

*Röm 12,8*

Elb: „es sei, der da ermahnt, in der Ermahnung“

Me ergänzt hier das „Ermahnen“ in der Klammerbemerkung im Text mit „(= Seelsorge)“. Ei sagt: „Trösten und Ermahnen“, Wi ebenfalls „Seelsorge“. Griechisch: „Ermahnung“, „Aufmunterung“.

*Röm 12,19*

Elb: „Rächt euch nicht selbst, Geliebte, sondern gebt Raum dem Zorn; denn es steht geschrieben“

Me: „Rächt euch nicht selbst, Geliebte, sondern gebt Raum (= überlasset das) dem (göttlichen) Zorn (oder: Strafgericht); denn es steht geschrieben (5. Mo 32,35): „Mein ist die Rache, ich will …“

Hier wird die Bedeutung der von Menge zur Verdeutlichung in Klammern in den Text eingefügten Bemerkungen klar. Die Klammerbemerkungen sind in kleinerer Schrift gesetzt.

In 1. Kor 6,11 weist Menge – wenn auch nicht im Text, so doch in der Klammerbemerkung – auf die Taufe hin: „Doch ihr habt euch (in der Taufe) reinwaschen lassen, seid geheiligt worden, habt die Rechtfertigung erlangt durch den Namen des Herrn Jesus Christus …“ Während jedoch Zü und Elb in 1. Kor 12,13 übersetzen, daß wir durch den Geist zu einem Leib getauft worden sind, übersetzt Menge: „Denn durch *einen* Geist (oder:

in *einem* Geist) sind wir alle durch die Taufe zu *einem* Leibe zusammengeschlossen worden."

Ein flüssiges Lesen wird bei der Menge-Bibel trotz guter Lesbarkeit durch die Ergänzungen in Klammern und durch die einspaltige, breite Textanordnung erschwert. Das Haupthindernis ist jedoch, daß sie noch in der „altertümlichen" und schwerer lesbaren Fraktur-Schrift gesetzt ist – als einzige aller behandelten Übersetzungen! Nach Mitteilung des Verlages ist jedoch kein Neudruck in moderner Schrift vorgesehen, da die Auflage der Menge-Bibel sehr stark zurückgegangen sei. Beim Wert der Menge-Übersetzung ist allerdings nicht auszuschließen, daß nicht die Übersetzung, sondern u.a. die veraltete Schrift für den nachlassenden Absatz verantwortlich ist. Zu bedauern ist ebenfalls, daß die heute vorliegende Ausgabe die Apokryphen enthält, was nicht immer der Fall war.

Verlag: Deutsche Bibelgesellschaft, Postfach 810340, 7000 Stuttgart 80.

**Zusammenfassung:** Sinngemäß. Wissenschaftlich entsprechend damaliger Erkenntnis. Im Ganzen bibeltreu. Einzelne Stellen bejahen jedoch den Sakramentalismus. Wertvolle Klammerbemerkungen im Text und in den Fußnoten im Zusammenhang mit den Ursprachen. Mit Apokryphen. Schlecht lesbarer Schriftsatz in Fraktur-Schrift.

# Schlachter-Bibel

Die Erstausgabe der Bibelübersetzung von Franz Eugen Schlachter erschien 1905, die Neubearbeitung 1952 als 20. Auflage.

Schlachter übersetzte „nach dem Urtext, unter Berücksichtigung der besten Übersetzungen". Im Vorwort schreibt er u.a.: „Die Bibel bedarf keiner menschlichen Vorrede; das Wort Gottes redet für sich selbst. Was hier gesagt werden soll, betrifft nur die Form, in welcher in diesem Buch das unvergängliche und unveränderliche Wort des Ewigen dem Freunde göttlicher Wahrheit dargeboten wird ... Der Herausgeber dieser Bibel ... hat von allen ihm zugänglichen gelehrten Hilfsmitteln, insbesondere von den neueren Übersetzungen, ausgiebig Gebrauch gemacht."

Die Herausgeber halten im Vorwort zur Neubearbeitung der Originalübersetzung fest: „... Wo die Übersetzung selbst verbessert oder ausgefeilt wurde, geschah es tunlichst im Sinn und Geist des Übersetzers und unter Benützung der bestautorisierten Quellen ... Die Bibel ist das Manna vom Himmel, das Wort Gottes, das Dokument der göttlichen Offenbarung. Sie zeigt uns die Person und das Erlösungswerk unseres Herrn und Heilands Jesus Christus, des Sohnes Gottes. Sie vermittelt uns den Besitz des ewigen Lebens, den unschätzbaren Wert der Sündenvergebung und des Friedens mit Gott; sie enthält göttliche Gewißheiten für die Gegenwart, und für die Zukunft eine Hoffnung, die nicht zuschanden werden läßt."

Die Schlachter-Bibel enthält nur den Bibeltext mit Zwischentiteln und einzelne Fußnoten zu anderen Lesarten oder wörtlichen Bedeutungen usw. Beachten Sie auch zur Schlachter-Bibel Kapitel 7.

Ausdrücke wie z.B. die folgenden sind nicht mehr verständlich: „zeihen“ (Joh 8,46) und „von hinnen gehen“ (Joh 14,31) entsprechen Lu 12 und Lu 56; „Verschnittene“ (Mt 19,12) wie Zü; „heische von mir“ (Ps 2,8) wie Lu 12 und Zü; „Gemächte“ (Ps 103,14) wie Lu 12; „untrüglich“ (Tit 1,2).

*„Fromm“* hat einen Bedeutungswandel durchgemacht, auch wenn Sch und andere an einzelnen Stellen daran festhalten: Tit 1,8 (Sch, Lu 12,56,75); Ps 37,18 (Sch, Zü, Me, Lu 56); Spr 11,5 (Sch, Zü, Lu 56). Dafür finden wir an diesen Stellen z.B. folgende Übersetzungen: „gottesfürchtig“ (Tit 1,8: Zü, Me); „heilig“ (Tit 1,8: Elb, Wi).

Der bereits bei Lu behandelte *Ps 8,6* lautet bei Sch: „Du hast ihn ein wenig Gottes entbehren lassen“ (Fußnote Hinweis auf Hebr 2,7), und bei Me: „unter die Engel erniedrigt“. Die Textfassung bei Sch ist hier weniger klar als z.B. der Text einer Zürcher Bibel von 1691 mit „Du hast ihn ein wenig minder gemachet als die Engel“.

Ebenfalls bei Lu erwähnt wurde *Ps 22,9.* Hier sagt Sch: „Er klage es dem HERRN, der möge ihn befreien“. Me: „Er werf's auf den Herrn: der möge ihn befreien;“ Me, Elb und Zü sind auch hier genauer als Sch.

Weniger genau ist Sch auch in *Apg 19,20:*

| | |
|---|---|
| Elb: | „So wuchs das Wort des Herrn mit Macht und erwies sich kräftig“ |
| Zü: | „und wurde immer stärker“ (ebenso Me) |
| Lu 56: | „und ward mächtig“ |
| Sch: | „und gewann die Oberhand“ |

Hier geht Sch über die Bedeutung hinaus.

In *Tit 1,5* übersetzt Sch: „Deswegen ließ ich dich in Kreta zurück, damit du das Versäumte nachholen und in jeder Stadt Älteste einsetzen möchtest, wie ich dir befohlen habe." „Das Versäumte" beinhaltet jedoch Vernachlässigung, Vergessen, Unachtsamkeit – was hier nicht gemeint ist.

Andere Übersetzungen haben richtigerweise:

Elb: „was noch mangelte, in Ordnung bringen"
Zü: „daß du das Fehlende noch ordnen"
Me: „daß du das (von mir dort) noch nicht Erledigte in Ordnung bringen …"
Lu 75: „damit du das zu Ende führst, was ich liegen lassen mußte."

Sch ist schwerer lesbar als z.B. Lu 56, Me, Zü oder Elb NT 75, wie Lesbarkeitsmessungen ergeben haben. ([41]) Die bei Me erwähnten erschwerenden Klammerbemerkungen und die Fraktur-Schrift bleiben dort allerdings unberücksichtigt. Sch nicht revidiert weist auch noch keine Parallelstellen auf.

Seit einigen Jahren wird an der Revision gearbeitet. Aufgrund der bisherigen Grundsätze, die bezüglich ihrer Grundhaltung weiterhin eingehalten werden, darf man eine stärkere Berücksichtigung der Textforschung und eine angemessene sprachliche Revision erwarten.

Verlag: Genfer Bibelgesellschaft, Postfach 477, CH-1211 Genf 3 / Tilsiter Weg 4, 6140 Bensheim. Auslieferung für Deutschland: Verlag Schulte + Gerth, 6334 Aßlar.

**Zusammenfassung:** Allgemein nicht so genau wie Elb, Me, Zü, aber dennoch grundtextnah. Bibeltreu. Klares, übersichtliches Schriftbild. Revision in Arbeit.

# Jerusalemer Bibel

Dieser katholischen Ausgabe liegt eine französische einbändige Bibelübersetzung mit Erklärungen zugrunde, die stark gekürzt aus der „Bible de Jérusalem“ übernommen wurden – einer aus 43 Teilbänden bestehenden französischen Bibelübersetzung mit Kommentar, in dem historische und textkritische Fragen sehr ausführlich behandelt werden. Der vorliegende deutsche Text folgt jedoch dem Bibeltext in Herders Bibelkommentaren und ist nochmals überarbeitet worden. Die Erstauflage erschien 1968.

Die ganze Ausgabe ist stark von der bibelkritischen Wissenschaft geprägt. In der Einleitung zum Pentateuch wird die Quellenscheidung vertreten und von zwei verschiedenen Schöpfungsberichten gesprochen. Zum Josuabuch wird festgestellt: „Sicher ist das Buch nicht von Josua selbst geschrieben worden (wie die jüdische Überlieferung annahm ...).“

Zur *Chronik:* „Es kommt aber auch vor, daß er (der Chronist) Auskünfte bietet, die mit dem Bild, das die Samuel- oder Königsbücher zeichnen, unvereinbar sind; ferner gibt es Fälle, in denen er bewußt verändert, was die letztgenannten Bücher berichten. Bei einem modernen Historiker, dessen Aufgabe die deutende Darstellung des Tatsachenzusammenhangs ist, wäre ein solches Verfahren unentschuldbar; hier wird es durch die Absicht des Verfassers gerechtfertigt. Er ist kein Historiker, er ist Theologe, der im Lichte der alten Erfahrungen und vor allem der davidischen Erfahrung die Bedingungen des idealen Reiches „ausdenkt“ ... Er läßt alles aus, was seinen Helden herabsetzen könnte, der zum Typus des erwarteten messianischen Königs geworden ist." Damit wird der Verfasser einer bewußten Fälschung bezichtigt, die einem Theologen erlaubt sei, nicht aber einem Historiker! Die Psalmen werden nicht den angegebenen Verfassern zugeschrieben. Die im Hebräischen verwendete Formulierung stelle lediglich eine gewisse Beziehung vom Psalm zur genannten Person her.

Zu *Jesaja:* „Darum ist es soviel wie sicher, daß die Kapitel 40-55 das Werk eines Anonymen – eines geistigen Jüngers Jesajas (in der Bibelwissenschaft auch ‚Deutero-Jesaja' genannt) und eines großen Propheten wie dieser – am Ende des Exils sind."

Zu *Daniel:* Kapitel 11 lasse sich mit keiner anderen Prophetie des Alten Testaments vergleichen und berichte trotz des prophetischen Stils bereits eingetretene Ereignisse. Nichts im übrigen Buch spreche gegen eine Datierung noch vor dem Sieg der makkabäischen Erhebung, d.h. zwischen 167 und 164 v.Chr.

Zu den synoptischen Evangelien (Mt, Mk, Lk) wird die „Zweiquellentheorie" der modernen bibelkritischen Wissenschaft in Frage gestellt und eine neue Hypothese (unbewiesene wissenschaftliche Annahme) dargelegt.

Der geschichtliche Wert der synoptischen Evangelien wird anerkannt. Dann heißt es: „Das bedeutet aber nicht, jede Begebenheit oder jedes einzelne Wort, das sie berichten, müsse als eine streng exakte Wiedergabe dessen angenommen werden, was sich in Wirklichkeit abspielte." Mit dieser Auslegung des geschichtlichen Wertes werden die synoptischen Evangelien als nicht in allen Teilen zuverlässig dargestellt. Weiter: „Solches Eingreifen der Gemeinde in den Überlieferungsprozeß geschah aber unter der Leitung ihrer Verantwortlichen … diese Gemeinde war die Kirche, und ihre Leiter stellen das erste Lehramt dar. Der Heilige Geist … garantierte … jene wahre Irrtumslosigkeit, die sich nicht so sehr auf die Materialität der Fakten erstreckt, sondern vielmehr auf die Glaubensbotschaft, die von ihnen getragen wird." Die Irrtumslosigkeit der Bibel erstreckt sich jedoch auf die Botschaft *und* die Fakten. Mit obiger Aussage entscheidet zudem die kirchliche Leitung über die Inspiration, statt sich darunter zu stellen.

Aus der Einleitung zum Johannes-Evangelium: „Freilich darf man keiner Täuschung hierüber verfallen; die Auffassung von Geschichte, die das vierte Evangelium voraussetzt, unterscheidet sich grundlegend von dem Geschichtsverständnis des modernen Historikers …" (!)

Die Apokryphen sind enthalten, jedoch nicht am Ende des AT, sondern zwischen die alttestamentlichen Bücher eingeordnet.

Die Anmerkungen enthalten außer textkritischen Hinweisen und Erklärungen zu biblischen Begriffen viel unbiblische katholische Theologie:

Zu 1. Mo 3,15 schließt eine längere Anmerkung wie folgt: „Mit dem Messias ist seine Mutter mitgemeint; so hat V (= Vulgata) übersetzt: Sie (d.h. Maria) wird dir den Kopf zertreten."

Zu Spr 8,22-31: „Die Liturgie bezieht Spr 8,22f aufgrund eines nicht wörtlichen oder typischen, sondern ‚angepaßten' Schriftsinnes (Akkommodation) auf Maria, die Mitwirkende des Erlösers, wie die Weisheit Mitwirkerin des Schöpfers ist." Der Schöpfer ist selbst die Weisheit, er braucht keine Mitwirkerin. Ebensowenig braucht der Messias eine Mitwirkende. Er selbst ist der Erlöser, der *einzige* Mittler (1. Tim 2,5).

Zu Joh 19,27 „Da ist deine Mutter": „… die Verkündung der geistigen Mutterschaft Marias, der neuen Eva, den Gläubigen gegenüber, die durch den Lieblingsjünger dargestellt sind …"

Zu Lk 1,28 „Sei gegrüßt, du Begnadete“: „D.h. du, die mit Gnade (oder göttlicher Huld) erfüllt wurde und erfüllt bleibt.“

Zu Mt 1,25 „erkannte sie aber nicht, bis sie einen Sohn geboren hatte“: „Der Text ... enthält von sich aus keine Aussage der immerwährenden Jungfräulichkeit Marias, die aber das übrige Evangelium sowie die Überlieferung der Kirche voraussetzen.“ Das „übrige Evangelium“ stimmt dem nicht zu.

Zu Mt 16,18: „... daß die eschatologische Gemeinde bereits auf Erden beginnen wird als eine organisierte Gemeinschaft, deren Leiter er einsetzt.“

Zu Mt 16,19: „... Petrus empfängt die Schlüssel zu diesen Toren. Es wird also ihm zukommen, den Zugang zum Himmelreich durch die Vermittlung der Kirche zu öffnen oder zu schließen ... Nach Ansicht katholischer Exegese gelten diese fortdauernden Verheißungen nicht nur für die Person des Petrus, sondern auch für seine Nachfolger; obwohl diese Folgerung nicht ausdrücklich angezeigt ist, ist sie doch berechtigt aufgrund der offenkundigen Absicht Jesu, für die Zukunft seiner Kirche durch eine Institution zu sorgen, die mit dem Tode des Petrus nicht hinfällig wird ...“

Zu Ps 4,7 „Laß über uns leuchten dein Angesicht!“: „Diese biblische Wendung kommt in den Psalmen häufig vor; sie besagt die Gunst, das Wohlwollen Gottes oder der Könige. Die Übersetzung von G und V: ‚Das Licht deines Angesichtes ist auf uns gesiegelt (oder: gezeichnet)‘ wurde auf die Seele bezogen, die nach Gottes Bild geschaffen und mit dem Siegel der Taufe gezeichnet ist; durch das Taufsiegel wird der Christ zu einem ‚Sohn des Lichtes‘.“ (G= LXX, V = Vulgata)

Zu Joh 19,34: „... Nicht ohne Grund haben zahlreiche Kirchenväter im Wasser das Symbol der Taufe, im Blut das Symbol der Eucharistie und in diesen beiden

Sakramenten das Zeichen der Kirche gesehen, der neuen Eva, die aus dem neuen Adam hervorgeht ..."

Zu Tit 3,4-7: „Die Wirkungen der Taufe: Wiedergeburt, Rechtfertigung durch die Gnade Christi, Mitteilung des Heiligen Geistes ..."

Zu den apokryphischen Makkabäerbüchern: „... Das Buch ist bedeutsam durch seine Aussagen über ... das Gebet für die Toten ... die Fürbitte der Heiligen ... Da sich diese Aussagen auf Fragen richten, die in den anderen Schriften des Alten Testamentes offengeblieben waren, rechtfertigen sie die Autorität, die die Kirche dem Buch zuerkannt hat."

Beachten Sie zu dieser Bibelausgabe unbedingt auch die in Kapitel 9 erwähnten geistigen Strömungen.

**Zusammenfassung:** Katholisch. Wissenschaftlich. Bibelkritisch. Umfangreiche Einleitungen und Anmerkungen.

# Einheitsübersetzung

Im Jahre 1962 gaben die katholischen Bischöfe Deutschlands und des deutschsprachigen Europas den Auftrag zu einer Neuübersetzung aus den Ursprachen in ein zeitgemäßes Deutsch. Ab 1967 kam es zur ökumenischen Zusammenarbeit, die sich schließlich auf das NT und die Psalmen erstreckte. Auszüge erschienen ab 1969, die Gesamtausgabe 1980. Die kommentierte Ausgabe, die hier berücksichtigt wird, enthält Erklärungen zu Glaubensaussagen der Heiligen Schrift, zur Zeit, Geschichte und Kultur des biblischen Menschen und Einleitungen zu den einzelnen Büchern. Ein Anhang enthält u.a. ein umfangreiches Personen- und Sachregister mit Hinweisen auf Bibeltexte, Einleitungen und Anmerkungen.

Die Bedeutung der Einheitsübersetzung wird im Vorwort erwähnt: „Bei dieser Übersetzung sollten nicht nur die neueren Erkenntnisse der Bibelwissenschaft, sondern auch die Regeln der deutschen Sprache in angemessener Weise berücksichtigt werden ... Das Zweite Vatikanische Konzil erklärte: Der Zugang zur Heiligen Schrift muß für alle, die an Christus glauben, weit offenstehen." Einheitsübersetzung wird dieses Unternehmen genannt, „weil es den Gebrauch einheitlicher biblischer Texte in Gottesdienst und Schule in allen Diözesen ermöglichen sollte. Die einheitliche Textfassung ließ hoffen, daß sich wichtige Aussagen der Bibel dem Ohr der Gläubigen dauerhafter einprägten. Auch würde eine solche für den Gebrauch der Bibel in der Öffentlichkeit, besonders in Presse, Funk und Fernsehen, von Nutzen sein. – Da die Übersetzung vor allem in der Verkündigung Verwendung finden sollte, mußte sie sowohl das Verstehen erleichtern, wie auch für das Vorlesen und teilweise auch für das Singen geeignet sein. Besondere Sorgfalt wurde auf die sprachliche Fassung der hymnischen Texte des Alten und des Neuen Testamentes, insbesondere der Psalmen verwendet."

Nach Fertigstellung der Übersetzung äußerten sich – wieder gemäß Vorwort – Mitglieder der Deutschen Bischofskonferenz u.a. wie folgt: „Die Einheitsübersetzung ist in gehobenem Gegenwartsdeutsch abgefaßt. Ihr fehlt es nicht an dichterischer Schönheit, Treffsicherheit des Ausdrucks und Würde biblischer Darstellungskraft." Im Vorwort wird auch ein Schreiben des damaligen Vorsitzenden des Rates der Evangelischen Kirche erwähnt: „Die Tatsache, daß katholische und evangelische Christen nunmehr die Psalmen und ein Neues Testament besitzen, die Exegeten beider Kirchen im offiziellen Auftrag übersetzt haben, kann nicht hoch genug veranschlagt werden. Mehr als einzelne gemeinsame Aktionen führt gemeinsames Hören auf das Wort der Schrift dazu, daß die getrennten Kirchen aufeinander zugehen, um einmal zusammenzufinden unter dem *einen* Herrn der Kirche, Jesus Christus. Die ökumenische Übersetzung der Psalmen und des Neuen Testamentes leistet dazu einen wichtigen Beitrag." (!)

Bei den Abklärungen zur Neuübersetzung der Zürcher Bibel empfahl die Fachgruppe dem Kirchenrat des Kantons Zürich, Prof. Dr. Eduard Schweizer mit der Neuübersetzung des NT zu beauftragen. Dieser hatte dann anfangs 1980 für das NT die Übernahme des Textes der Einheitsübersetzung im Sinn einer Chance eines für Reformierte und Katholiken gemeinsamen Bibeltextes beantragt. Dabei stellte er fest, er, Schweizer, selber würde auch bei Investitionen von einigen Jahren Arbeit nicht in der Lage sein, eine bessere Übersetzung vorzulegen. ([42])

Die Probeausgaben von Ei wurden bis zur definitiven Textgestalt aufgrund von Anregungen laufend verbessert, wo notwendig. So lautet 1. Tim 3,6 jetzt „Neubekehrter“ (früher: Neugetaufter) und 1. Tim 3,16 „Geheimnis unseres Glaubens“ (früher: Geheimnis der Religion).

Zum Text und zu den Anmerkungen folgen nun etliche Vergleichsstellen (vgl. auch [43]):

Ps 77,7 bietet die Übersetzung nach dem griechischen und syrischen Text mit entsprechender Fußnote, wie Elb. In Röm 11,12 ist die wörtliche Übersetzung bei Ei im Text, bei Elb lediglich in der Fußnote. Das gilt auch für Ps 12,6. In Ps 37,5 ist bei Elb und Ei die traditionelle Wendung „Befiehl dem Herrn deinen Weg“ im Text. Bei Ei findet sich jedoch noch die wörtliche Übersetzung in der Fußnote.

*Ps 76,5*

Elb: „Glanzvoll bist du, herrlicher als die Berge des Raubes“

Ei: „Du bist furchtbar und herrlich, mehr als die ewigen Berge“

Ei dazu in der Fußnote: „Furchtbar: nach der aramäischen Übersetzung und der griechischen Übersetzung von Theodotion; der hebräische Text liest: leuchtend. – Der zweite Teil des Verses wurde nach dem griechischen Text korrigiert.“ Dies als Beispiel für den Informationsgehalt der Fußnoten.

*1. Mo 1,2*

Sch: „Und die Erde war wüst und leer, und es lag Finsternis auf der Tiefe.“

Zü: „Die Erde war aber wüst und öde, und Finsternis lag auf der Urflut.“

Ei: „Die Erde aber war wüst und wirr, Finsternis lag über der Urflut.“

Hier ist Ei ausdrucksstark und erinnert an Bu.

*Ps 22,9*

Elb: „Er hat es auf den HERRN gewälzt, der rette ihn“

Sch: „er klage es dem HERRN ...“

Je: „Er vertraue auf Jahwe, der mag ihn retten“

Ei: „Er wälze die Last auf den Herrn, der soll ihn befreien“

Hier sind Elb und Ei (zusammen mit (Zü) am genauesten.

*Ps 90,10b*

Elb: „und ihr Stolz ist Mühe und Nichtigkeit, denn schnell eilt es vorüber, und wir fliegen dahin.“

Zü: „und das meiste daran ist Mühsal und Beschwer; denn eilends geht es vorüber, und wir fliegen dahin.“

Ei: „Das Beste daran ist nur Mühsal und Beschwer, rasch geht es vorbei, wir fliegen dahin.“

Ei besticht hier durch die flüssige Sprache.

*Tit 1,1*

Elb: „Paulus, Knecht Gottes, aber Apostel Jesu Christi nach dem Glauben der Auserwählten Gottes und nach der Erkenntnis der Wahrheit, die der Gottseligkeit gemäß ist“

Wi: „Paulus, Gottes Knecht, Apostel Jesu Christi, in Übereinstimmung mit dem Glauben der Auserwählten Gottes und der Erkenntnis der Wahrheit, die der Frömmigkeit entspricht“

Je: „Paulus, Knecht Gottes und Apostel Jesu Christi, für den Glauben der Auserwählten Gottes ...“

Ei: „Paulus, Knecht Gottes und Apostel Jesu Christi, berufen, um die Auserwählten Gottes zum Glauben Gottes und zur Erkenntnis der wahren Gottesverehrung zu führen“

Elb und Wi stellen fest, was den Botendienst des Paulus begründet, was wesentlich ist daran: Apostel aufgrund und in Übereinstimmung mit dem Glauben der Auserwählten Gottes und der Gott gemäßen Erkenntnis der Wahrheit. Je und Ei verlagern den Schwerpunkt und stellen den 2. Teil getrennt vom Apostelamt dar: „*für* den Glauben der Auserwählten" und „*um* ... zum Glauben und zur Gottesverehrung *zu führen*".

*Röm 8,2*

Elb: „Denn das Gesetz des Geistes des Lebens in Christus Jesus hat dich frei gemacht von dem Gesetz der Sünde und des Todes"

Me: „Denn das Gesetz des Lebensgeistes in Christus Jesus ..."

Wi: „Denn das Gesetz des Geistes, das zum Leben führt durch Christus Jesus, hat dich befreit vom Gesetz der ..."

Ei: „Denn das Gesetz des Geistes und des Lebens in Christus Jesus hat dich frei gemacht vom Gesetz der Sünde ..."

Elb übersetzt genau. Me bringt ebenfalls zum Ausdruck, daß der Geist selbst Leben ist. Wi bezieht das Leben nur auf die Wirkung des Gesetzes des Geistes. Ei verändert den Sinn ebenfalls und bezieht das Leben nicht auf den Geist, sondern auf das Gesetz.

In der Anmerkung zu 1. Mo 3,15 kommt die katholische Marienverehrung zum Ausdruck. Anmerkung zu Röm 6,1-11: „In diesem Abschnitt sagt Paulus, was die Taufe (durch sie erhalten die Christen Anteil am neuen Menschsein, das Jesus Christus ermöglicht) bedeutet und bewirkt ... Mit seiner (Christi) Auferstehung beginnt neue Lebensmöglichkeit; an diesem Leben haben die Getauften Anteil." In 1. Kor 12,13 steht der Einschub „in der Taufe", der nicht zum Grundtext gehört, im Bibeltext selbst: „Durch den einen Geist wurden wir in der Taufe alle in einen einzigen Leib aufgenommen". Anmerkung zu Joh 1,12-13: „... Sie werden, nicht aus eigenem Vermögen, sondern durch Gottes Gabe, die mit der Taufe geschenkt wird, Gottes Kinder. V. 13 entfaltet, was die Taufe bedeutet: aus Gott geboren sein; d.h. sein ganzes Leben nicht menschlichem Erbe, menschlicher Zeugung, menschlichen Bindungen, sondern Gott verdanken."

Die Einführungen zu den biblischen Büchern dieser kommentierten Ausgabe sind stark von der bibelkritischen Forschung geprägt:

Zum Pentateuch wird die Quellenscheidung vertreten. Als Verfasser des Jesajabuches gelten drei verschiedene: Jesaja, Deuterojesaja, Tritojesaja. Die Entstehung des Buches Daniel in seiner jetzigen Form wird auf die Jahre 175-164 v.Chr. festgelegt. Die Entstehung der vier Evangelien wird sehr spät angesetzt, zwischen 70-100 n.Chr. An die Inspiration der kanonischen Schriften wird man nicht erinnert beim Lesen der Einleitung zu den Psalmen: „Am Anfang eines jeden Textes steht ein konkreter Mensch in einer konkreten Lebenssituation ... So entstehen Modelle und Formulare, die, weil sie menschliche Grunderfahrung aussprechen, durch die Jahrhunderte gültig bleiben ..."

Abschließend noch zwei Beispiele. Als Beispiel für die genaue Übersetzung und die gute sprachliche Wiedergabe der Einheitsübersetzung zuerst

*Röm 6,22*

Elb: „Jetzt aber, von der Sünde frei gemacht und Gottes Sklaven geworden, habt ihr eure Frucht zur Heiligkeit, als das Ende aber ewiges Leben."

Wi: „Jetzt aber, befreit von der Sünde und in Gottes Dienst aufgenommen, ist die Frucht, die ihr erntet, eure Heiligung; und sie führt zum ewigen Leben als ihrem Endziel."

Ei: „Jetzt, da ihr aus der Macht der Sünde befreit und zu Sklaven Gottes geworden seid, habt ihr einen Gewinn, der zu eurer Heiligung führt und das ewige Leben bringt."

„Dienstbar werden" und „in Gottes Dienst aufgenommen werden" sagt nicht dasselbe aus wie das grundtextgemäße „Sklave werden". „Aus der Macht der Sünde befreit" ist deutlich und ausdrucksstark.

*1. Tim 2,15*

Elb: „Sie wird aber dadurch, daß sie Kinder gebiert (o. ‚durchs Kindergebären hindurch'), gerettet werden, wenn sie (d.h. die Frauen) bleiben im Glauben ..."

Ko: „wird aber durch das Kindergebären gerettet werden, so auch alle, wenn sie im Glauben ... bleiben."

Sch: „Sie soll aber gerettet werden durch Kindergebären, wenn sie bleiben im Glauben ..."

Ei: „Sie wird aber dadurch gerettet werden, daß sie Kinder zur Welt bringt, wenn sie in Glaube, Liebe und Heiligkeit ein besonnenes Leben führt."

Je: „Sie soll aber zum Heile gelangen durch Kindergebären, sofern sie in Glaube und in Liebe und in ... verharrt"

Der erste Teil des Satzes ist Einzahl, der zweite Mehrzahl. Das wird außer bei Ei und Je bei allen Übersetzungen beachtet. Ko trennt die beiden Satzteile und ist deshalb trotz Ein- und Mehrzahl mißverständlich. Bei Sch fehlt die klarstellende Fußnote „die Frauen", die bei Elb und Zü vorhanden ist.

**Zusammenfassung:** AT katholisch, Psalmen und NT ökumenisch. Wissenschaftlich. Allgemein grundtextnah, mit Sinnveränderungen. Flüssiges, eher gehobenes Gegenwartsdeutsch. Einleitungen und Anmerkungen: zur Textforschung, bibelkritisch, ökumenisch, katholisch. Die nicht kommentierte Gesamtausgabe bietet in den Fußnoten vor allem Hinweise zum Text.

# NT von Ulrich Wilckens

Die 1. Auflage erschien 1970, die neubearbeitete 6. Auflage 1980. Beachten Sie unbedingt Kapitel 9.

Im Vorwort wird festgestellt, eine moderne Übersetzung müsse am gegenwärtigen Stand der Bibelwissenschaft geschult sein, um die Stimme des Urchristentums nach Möglichkeit reiner, klarer, charakteristischer erklingen zu lassen. Es geht nach dem Vorwort um die „Zeugnisse des Urchristentums", die „repräsentativen Zeugnisse christlichen Glaubens aller Zeiten" und um das Interesse, „in diesen menschlichen Zeugnissen Gottes Stimme zu vernehmen". Aus der Anmerkung zu Kol 4,7-18: „wie die Apostelbriefe über ihren konkreten Anlaß hinaus aufbewahrt und ... zu heiligen Texten *wurden*" (betont durch d. Verf.). Das entspricht der ablehnenden Haltung zur Inspiration der Schrift, die hier vertreten wird.

Die historisch-kritische Forschung prägt die Einleitungen zu den neutestamentlichen Büchern wie die umfangreichen Kommentare, die gesamthaft etwa den gleichen Raum einnehmen wie der Bibeltext selbst. Da es sich dabei lediglich um Hypothesen handelt, sind Ausdrücke wie „wahrscheinlich", „Vermutung", „Annahme", „vielleicht" usw. recht häufig.

Zu Mk 14,53-72: Unter historischem Gesichtspunkt erscheine diese Szene unglaubwürdig. Als Vermutung wird geäußert, daß der 1. Korintherbrief in nachpaulinischer Zeit aus zwei verschiedenen Korintherbriefen zusammengesetzt worden sei. Zum 2. Korintherbrief liege die Annahme nahe, er sei in späterer Zeit aus vier Paulusbriefen zusammengestellt worden. Zu Joh 10,1-39: Der Abschnitt scheine nicht ganz in Ordnung zu sein.

Die Schwierigkeit löse sich, wenn man auch hier vermute, daß im Urexemplar das Blatt mit Joh 10,1-18 an die falsche Stelle geraten sei. Zu Apg 27,1-44: Lukas habe möglicherweise sogar eine ihm vorliegende Novelle zugrunde gelegt und in ihren Erzählungsfaden lediglich seine Hauptperson, Paulus, eingefügt. Zu Apg 17,16-34: So habe Lukas diese Station der Missionsreise des Paulus in schriftstellerischer Freiheit dazu benutzt, um ihn an diesem berühmten Ort vor einem Kreise von Philosophen der damals führenden Schulen eine Rede halten zu lassen. Zu Apg. 18,24 – 19,7: Lukas habe die Gemeinde in Ephesus als Gründung des Paulus erscheinen lassen wollen und darum Apollos in der Zeit vor dem paulinischen Einfluß in Ephesus als einen noch unvollkommenen Christen dargestellt – trotz all seiner Bildung und prophetischen Redekraft. Schon diese wenigen Beispiele zeigen, wie sehr historisch-kritisches Gedankengut bibelkritisch-vernunftgeprägt ist und Gottes Gedanken widerspricht.

Zu 1. Kor 7,36-38: Diese Stelle sei klarer, wenn man das Verhältnis eines Verlobten zu seiner Braut meine. Für ihn stelle sich die Frage, ob er sie durch den Beginn geschlechtlichen Verkehrs zur Ehe führen solle ... Maßgeblich sei ... was für den Menschen gut sei. Wer sich die Enthaltung mühsam abringen müßte, würde nicht nur sich selbst viel Not bereiten, sondern vor allem auch die Ehre seiner Braut verletzen. Das spricht für moderne Freizügigkeit, nicht von biblischen Grundsätzen.

Zu Mk 1,9-15 wird festgehalten, Jesus werde „zum Sohn Gottes bestellt". „Sohn Gottes" sei nach Markus nicht eine Bezeichnung des geburtsmäßigen Wesens Jesu, sondern der ihm von Gott verliehenen Vollmacht. Zu den drei Jüngern auf dem Berg der Verklärung (Mk 9,2-13) wird u.a. erwähnt, Jesus sei wie sie Gottes endzeitlicher Gesandter, und weiter: die Auferstehungsverkündigung der Kirche sei die allein angemessene Interpretation der Gottessohnschaft Jesu. (!) Zu Mk 6,1-6 wird gesagt, hier liege eine alte Überlieferung zugrunde, die die besondere Anschauung von der Jungfrauengeburt Jesu noch nicht gekannt habe. Danach sei Jesus ein Sohn Josefs und Marias, genau wie seine leiblichen Brüder und Schwestern. Gott habe diesen Mann zu seinem Vollmachtsträger erwählt. Zu Röm 1,3: Das alte Bekenntnis habe ursprünglich etwas anderes gemeint: Jesus sei durch Gottes Auferweckungstat in die himmlische Machtstellung „als Sohn Gottes eingesetzt" worden. Nach Paulus hingegen sei Jesus schon vor seiner Geburt Gottes Sohn gewesen. Beide Auffassungen stünden im Neuen Testament nebeneinander. – Wenn man die Inspiration der Heiligen Schrift nicht voll bejaht und nicht vom Grundtext *ausgeht* als gottgegebener *Wahrheit* und *Einheit,* zeigt sich, wie schon aus den wenigen erwähnten Belegstellen zur Gottessohnschaft Jesu hervorgeht, folgendes: Die historisch-kritische Forschung präsentiert mit ihren vielen Vermutungen und Folgerungen weder eine einheitliche Lehre noch bietet sie dem aufrichtigen Bibelleser irgendwelchen Nutzen – im Gegenteil.

Der ökumenische Charakter dieser Ausgabe, bei der ein katholischer und zwei evangelische Theologen beratend mitgewirkt haben, zeigt sich z.B. in der Tauffrage:

In 2. Kor 1,22 hat der Klammereinschub keine Berechtigung: „Er hat uns das Siegel (der Taufe) aufgeprägt." In der Anmerkung wird ergänzt, „Salbung" und „Siegelung" seien Ausdrücke für die Taufe. In 1. Tim 3,6 übersetzt Ei richtig „kein Neubekehrter", Wilckens hingegen: „Er darf auch nicht eben erst getauft sein." Zu 1. Kor 1,10-17 wird kommentiert: „... während doch in Wahrheit gerade die Taufe die Einheit der Kirche begründet! Denn sie verbindet die Getauften mit dem *einen* Jesus Christus, der für *alle* gestorben ist." Zu 1. Kor 12,13 „und uns *allen* ist ein und derselbe Trank des Geistes gegeben" wird bemerkt, die Übersetzung setze voraus, daß das Abendmahl gemeint sei. Kommentar zu Hebr 5,11 – 6,20: Der Verfasser sei davon überzeugt, daß es für den abgefallenen Christen nicht noch einmal die Möglichkeit der Rettung gebe, wie sie ihm die Taufe ein für allemal gewährt habe.

Nach diesen Angaben, die Schwerpunkte dieser Ausgabe zeigen, darf jedoch auch auf wertvolle Anmerkungen hingewiesen werden. Die Übersetzung selbst hat gemäß Vorwort zum Ziel, „größtmögliche Nähe zum griechischen Original zu erreichen, aber die Fach- und Gelehrtensprache zu vermeiden; zu größtmöglicher Verständlichkeit zu gelangen, aber Verständlichkeit auf Kosten der Richtigkeit sich zu versagen." Dieses Ziel hat der Übersetzer sehr oft erreicht. Übersetzungsvergleiche sind an anderer Stelle erwähnt. Abschließend dennoch zwei Beispiele:

*Lk 1,1-4 Wi* (kursiv durch Verf.):

„Viele haben es bereits *vor mir* unternommen, einen Bericht über die Geschehnisse zu verfassen, die unter uns *zur Erfüllung gekommen sind,* wie es uns die überliefert haben, die von Anfang an Augenzeugen gewesen und zu *Sachwaltern der Verkündigung* geworden sind. So habe nun auch ich mich dazu entschlossen, nachdem ich allem Geschehen von vorne an genau nachgegangen bin, es der Reihe nach für dich aufzuschreiben, verehrter Theophilus, damit du erkennst, daß die Lehren, die du *erhalten hast,* sicher verbürgt sind."

„vor mir"
: steht nicht im Grundtext und in keiner anderen Übersetzung.

„zur Erfüllung gekommen sind“

bringt den im Grundtext beinhalteten Verlauf und Abschluß eines tatsächlichen Ereignisses treffend zum Ausdruck.

Ei: „ereignet und erfüllt hat“ ist ebenfalls genau

Elb: „zugetragen haben“, so auch Zü.

Interessant, aber nicht grundtextgemäß ist hier

Be: „Dinge, wovon alles bei uns voll ist“ mit der Anmerkung: „alles voll ist“: „Es war eine mehr als landbekannte Sache.“

„Sachwaltern der Verkündigung“

„Sachwalter“ bedeutet Anwalt, Beauftragter. Hier sind jedoch schlicht und einfach „Diener“ gemeint. „der Verkündigung“ ist ebenfalls nicht genau. Zutreffend ist „des Wortes“.

„Diener des Wortes“ bei Elb, Ei, Zü, Sch;

„Gehilfen des Wortes“ bei Ko ist ebenfalls zutreffend.

„erhalten hast“

Grundtextgemäß geht es nicht um etwas, was man einfach „erhalten“ hat, sondern um Lehre, Worte, Dinge, in denen man „unterwiesen“, „unterrichtet“, „belehrt“ worden ist.

*Hebr 11,1 Wi* (Kursiv durch Verf.):

„Glaube aber, das ist die *Wirklichkeitsgrundlage* für das, worauf man hofft, der *Nachweis* von Dingen, die man nicht sehen kann.“

„Wirklichkeitsgrundlage“

Gemäß Anmerkung bei Wi werden die beiden entscheidenden Hauptworte dieses Satzes vielfach im Sinne von Tätigkeiten aufgefaßt und dann übersetzt „Glauben heißt: gewisses Zutrauen zu (oder: festhalten an) ...“ Dem stehe jedoch entgegen, daß beide Hauptworte im Griechischen nirgendwo in diesem Sinne gebraucht würden und dasselbe Wort Hebr 1,3 unzweideutig die „Wirklichkeit“ Gottes bezeichne, die nach 3,14 die Grundlage christlicher Existenz sei. (Dieser Auffassung sind auch andere Sprachwissenschaftler. Elb hingegen hat in Hebr 3,14 „Zuversicht“.)

Elb: „Verwirklichung“ mit Fußnote „o. Grundlage“

Ei: „Feststehen in dem, was man erhofft“ mit anderer Übersetzungsmöglichkeit als Fußnote: „Grundlage dessen, was man hofft.“

Sch: „Beharren auf“

Zü: „Zuversicht auf das, was“

Der „Sprachliche Schlüssel“ von F. Rienecker ([44]) übersetzt Erwartung, Vertrauen, „Grundlage“ (Schlatter). Luther lege folgende Möglichkeiten dar: Substanz, Ursache, Grundlage, Wesenheit, Besitz, Vermögen. – Die Wirklichkeit Gottes ist Grundlage unserer Existenz wie auch unseres Glaubens. *Dieser* Glaube ist Grundlage unserer Hoffnung!

„der Nachweis von“

Elb: „Überführtsein von“ – ebenso bei Ko

Me: „festes Überzeugtsein“

Ei: „Überzeugtsein von“ mit Fußnote: „Gewißheit“

Zü: „Überzeugung“ – ebenso Sch.

„Überzeugung“ ist zu schwach. Wi, Elb und Ko sind demnach in ihrem Beweischarakter am zutreffendsten.

Kommen beim ersten Beispiel Übersetzungsfehler und genaue Übersetzung zum Ausdruck, so weist das zweite zusätzlich auf den Informationsgehalt vieler Anmerkungen hin.

**Zusammenfassung:** Wissenschaftlich. Bibelkritisch. Grundtextnah, jedoch auch Sinnveränderungen. Ökumenisch. Umfangreiche Einleitungen und Kommentare. Gut verständliche Gegenwartssprache.

# Mülheimer NT

Erstausgabe 1914. Die völlig neu überarbeitete 7. Auflage erschien 1968, die neu durchgesehene 8. Auflage 1975.

Nach dem Vorwort zur 7. und 8. Auflage wurde bei der Überarbeitung darauf geachtet, den griechischen Urtext so sinngemäß wie möglich zu verdeutschen.

Die bibeltreue Haltung zeigt sich schon in der Einleitung zu den Evangelien: „Und daß dieses Zeugnis der Evangelisten ganz wahr und unverfälscht ist: Jesus hat also wirklich so gelebt, so gewirkt und ist tatsächlich auf Golgatha gestorben und am dritten Tag auferstanden von den Toten. Auch stimmen alle Zeugen darin völlig überein: Dieser Jesus ist der Christus, der Sohn Gottes, der Herr, der Erlöser."

In der Anmerkung zu Mt 14,29 (Jesus auf dem See) wird sehr klar gesagt: „Und wenn der moderne, naturwissenschaftlich gebildete Mensch auch der Meinung ist, so etwas könne nicht geschehen sein, dann nur darum, weil er auch mit der Tatsache der Auferstehung Jesu von den Toten und der Auferstehung aller Toten am Jüngsten Tage, auch mit der Herrschaft Christi über alle kosmischen Mächte (siehe Kolosserbrief!) nichts anzufangen weiß. Es fehlt ihm der Glaube."

In der Anmerkung zu Mt 28,15 wird dazu u.a. weiter erwähnt: „Und doch erhebt sich immer wieder die Frage nach der Geschichtlichkeit der Auferstehung ... Die moderne Theologie erkennt zwar die Erscheinungen des Auferstandenen als geschichtliche Tatsache an, erklärt sie aber als subjektive Visionen, also so, daß die Jünger einzeln oder miteinander visionäre Erlebnisse hatten, bei denen sie glaubten, den Herrn gesehen zu haben, obwohl er in Wirklichkeit tot war. Auf diese Weise wird die Auferstehung Jesu tatsächlich geleugnet."

Die umfangreichen Anmerkungen sind vorwiegend auf das praktische Christenleben und auf die Lehre ausgerichtet. Einige Beispiele:

Zu Mt 3,2: „Tut Buße, d.h. ändert euren Sinn. Ein Mensch, der von Natur in seinen Sünden dahinlebt, soll zur Einsicht kommen, daß er auf diese Weise ins Verderben rennt. Er soll haltmachen, sein Sündenleben aufgeben und sich zu Gott bekehren. Buße ... ist eine Änderung der Gesinnung, aus der eine Änderung des Lebens folgt. Buße gibt Gott durch die Wirkung seines Geistes denen, die dafür empfänglich sind" (Apg 11,18).

Zu Eph 4,1-6: „In Vers 4-6 wird die siebenfache Einheit der Kinder Gottes betont. Diese Einheit zu bewahren (V. 3) ist die erste und größte Notwendigkeit für die Erbauung des Christusleibes. Trennung der Glieder und Streit untereinander macht den ganzen Leib krank."

Zu 1. Kor 1 im Zusammenhang mit „heiligen" u.a.: „Für die Bedeutung des Wortes „heiligen" kommen im Hebräischen folgende Begriffe in Betracht: 1...; 2...; 3... Was heilig ist, bildet einen Gegensatz zu dem, was allgemein ist. Dabei handelt es sich nicht um den Gegensatz zur Kreatur oder zur Welt an und für sich, sondern zu der sündig gewordenen Kreatur. Der Gegensatz zur Sünde und zu allem, was mit der Sünde zusammenhängt, das ist das durchschlagende Moment, worauf es bei diesem Worte ankommt. Die Heiligkeit schließt die Sünde aus! Daß Gott heilig ist, bedeutet, daß er im entschiedensten Gegensatz zu allem sündigen Wesen steht. Weil er heilig ist, geht er darauf aus, alle Sünde wegzuschaffen. Das geschieht entweder durch Erlösung oder durch Gericht. – Wird von Menschen oder Dingen gesagt, daß sie heilig seien, so liegt darin immer ein Zweifaches, nämlich: 1. der sündigen Weltgemeinschaft entnommen zu sein, und 2. in die Gemeinschaft des heiligen Gottes aufgenommen sein. Paulus nennt die Gemeindeglieder „Geheiligte in Christus". Sie sind das, weil sie in Christus und dadurch Gott geheiligt sind (Joh 17,19) ... Zu Vers 8 steht dann dazu weiter: „Man sieht hier deutlich, wie weit jeder Christ in praktischer Heiligung gelangen soll. Er soll heilig sein in seinem ganzen Wandel (1. Petri 1,15), damit er tadellos dasteht, wenn Christus wiederkommt, und so zur Entrückung bereit ist."

Besonders zu erwähnen sind in dieser Ausgabe die umfangreichen Anmerkungen zum Wirken des Heiligen Geistes, z.B. die folgenden:

Zu Lk 2,26: „Simeon hatte den Heiligen Geist nicht so, wie er seit Pfingsten kommt, denn der Geist Jesu war noch nicht da (Joh 7,39). Aber der Geist konnte auf ihm ruhen wie auf auserwählten Menschen im Alten Bund (vgl. 2. Kö 2,15)." Dies wird auch zu Joh 16,24 bestätigt: „Vor Pfingsten hat es kein Gebet im Namen Jesu gegeben. Man kann solches nur durch den Heiligen Geist darbringen (Rö 8,26-27). Damit, daß man, wie viele, sagt: „Ich bete in Jesu Namen", ist es nicht getan." Zu Joh 20,22 wird dann darauf hingewiesen, daß der Geist Jesu erst an Pfingsten kam: „Durch jenes Anhauchen empfingen die Jünger noch nicht den Heiligen Geist, der als Geist Jesu (Joh 7,39) zu Pfingsten kam ... Die Bedeutung jener Stunde lag darin, daß er als der auferstandene Menschensohn, als der Christus, als der Messias, seine Jünger mit der Aufgabe betraute, wozu er sie schon zuvor vorbereitet hatte (vgl. Matth 4,19; 10,1; 18,18). Die volle Ausrüstung zu dieser Aufgabe kam dann zu Pfingsten."

Zu Apg 1,8: „Die Kraft des Heiligen Geistes ist die Kraft aus der Höhe (Luk 24,49; Apg 2,33). Durch sie wird man von oben geboren (Joh 3,3). Es ist das die Kraft des innewohnenden Christus (Joh 14,16-23), die uns für unseren Wandel und Dienst nötig ist (Eph 3,14-21); denn ohne ihn können wir nichts tun (Joh 15,5) ... Daß das Leben und der Dienst vieler Gläubigen so kraftlos ist, liegt daran: sie stehen in eigener Kraft, nicht in der Kraft aus der Höhe."

In den sehr ausführlichen Anmerkungen zu Apg 2,38 steht u.a.: „Man darf aber die Gabe des Heiligen Geistes nicht mit den Geistesgaben (1. Kor 12,7-11) verwechseln. In der Gabe des Heiligen Geistes kam zu Pfingsten seine persönliche Innewohnung (Joh 14,16.17). Das bedeutet gar viel mehr als der Besitz von Geistesgaben. ‚Die Gabe des Heiligen Geistes' ist das große Geschenk des Neuen Bundes: die Innewohnung Christi, die Innewohnung Gottes im Menschenherzen (Joh. 14,23)."

Zu Joh 14,17 „nämlich den Geist der Wahrheit, den die Welt nicht empfangen kann. Denn sie hat kein Auge für ihn noch erkennt sie ihn" wird angemerkt: „Es gibt auch Gläubige, die keinen Blick für die Taufe mit dem Heiligen Geist haben. Jesus gibt hier den Grund dafür an. Nur die können seinen Geist empfangen, die ihn praktisch (nicht nur in Gedanken) lieben und daher seine Gebote halten. Gott gibt den Heiligen Geist denen, die ihm gehorchen. Wer daher mit dem Geist der Liebe getauft werden möchte, der muß gehorsam werden ... Soll dich Jesu Geist beseelen, dann mußt du allein für ihn offen und empfänglich sein." – Hier wird eine Lehrauffassung sichtbar, die unterscheidet zwischen der Innewohnung des Heiligen Geistes bei der Wiedergeburt und einer „Taufe mit dem Heiligen Geist" für Gläubige. Das kommt auch in der Anmerkung zu Mt 3,4 abschließend zum Ausdruck: „... Dies ist lehrreich für unsere Zeit, wo es viele Gläubige gibt, die nicht mit dem Heiligen Geist getauft sind."

Bei der Übersetzung des Bibeltextes selbst hat man sich am Grundtext orientiert und auch andere Übersetzungen beachtet, wie aus Erwähnung von Elb, Me und Bu (in den Anmerkungen) hervorgeht. Abschließend noch einige Textvergleiche:

*Joh 17,19*

Elb: „Und ich heilige mich selbst für sie, damit auch sie Geheiligte seien durch Wahrheit."

Al: „Zu ihrem Heile weihe ich mich als Opfer, damit auch sie wahrhaft Geweihte seien."

Mü: „Und ich heilige mich selbst für sie, damit auch sie in Wahrheit geheiligt werden."

Hier ist das durch das Opfer Christi geheiligt-*Sein* gemeint, wie Elb u.a. zum Ausdruck bringen. Al verschiebt den Sinn auf die Haltung des wahrhaft Geweihten; Mü spricht vom „geheiligt *werden*", einem Wachstumsprozeß.

*Röm 8,1*

Elb: „Also (gibt es) jetzt keine Verdammnis für die, welche in Christus Jesus sind."

Al: „Klar ist nun: Kein Verdammungsurteil kann jetzt treffen, die in Gemeinschaft stehn mit Christus Jesus."

Br: „Jetzt aber, in der Lebensgemeinschaft mit Jesus Christus, trifft uns kein Verdammungsurteil mehr."

Mü: „Für die jedoch, die in Christus Jesus dastehen, gibt es nichts, was sie verdammen kann."

Es geht hier nicht um das in der Gemeinschaft „stehn" oder „dastehn", sondern um die Realität, *in Christus zu sein!* Dieser bedeutungsstarke Ausdruck kann nur schwer anders wiedergegeben werden. Mü geht wenigstens in der Anmerkung darauf ein: „In Christus ist alles neu …"

*Tit 1,1*

Elb: „Paulus, Knecht Gottes, aber Apostel Jesu Christi nach dem Glauben der Auserwählten Gottes und nach der Erkenntnis der Wahrheit, die der Gottseligkeit gemäß ist …"

Mü: „Paulus, ein Gottesknecht und Apostel Jesu Christi, beauftragt, die Auserwählten Gottes zum Glauben zu bringen und Erkenntnis der Wahrheit, die zur Erkenntnis Gottes führt, zu vermitteln …"

Al: „Paulus, ein Knecht Gottes und ein Apostel Jesu Christi, entbietet seinem echten, im Glauben eng mit ihm verbundenen Kinde Titus seinen Gruß. – Ich bin ja dazu bestellt, Gottes Auserwählte zum Glauben zu führen und die Erkenntnis jener Wahrheit zu verbreiten, die einen frommen Wandel wirkt …"

Br: „Paulus, ein Knecht Gottes, zugleich Apostel Jesu Christi, grüßt Titus, sein echtes geistliches Kind, das mit ihm im Glauben verbunden ist. Ich habe den Auftrag, entsprechend dem Glauben der Erwählten Gottes und der Erkenntnis der Wahrheit, Menschen zu einem rechten Wandel in der Gottesfurcht" (V.2: zu führen).

Elb ist, wie übrigens auch Zü und Sch, grundtextgemäß. Mü, Al und Br verlagern den Sinn von der Aussage über den Boten selbst zu seinem Dienst.

*Eph 1,7*

Elb: „In ihm haben wir die Erlösung durch sein Blut, die Vergebung der Übertretungen, nach dem Reichtum seiner Gnade."

Mü: „In ihm haben wir die durch sein Blut bewirkte Erlösung, die Befreiung von Sünden nach dem Reichtum seiner Gnade."

Al: „Weil wir mit ihm vereint sind, haben wir Befreiung aus der Schuldhaft durch sein Blut: Vergebung unsrer Sünden. So reich ist seine Gnade!"

Im Griechischen ist in dem Wort für „Erlösung" „Loskaufung" (im weltlichen Bereich: Sklavenbefreiung) enthalten. Das kommt bei Mü, Al und Ko zum Ausdruck, ebenfalls in der Anmerkung bei Ei. –

Verlag: Missionsbuchhandlung und Verlag Altdorf bei Nürnberg.

**Zusammenfassung:** Bibeltreu. Gegenwartssprache. Schwerpunkt sind die umfangreichen Anmerkungen mit 14-seitigem Wörterverzeichnis zu den behandelten Bibelstellen. Anmerkungen zum Grundtext, zur Zeit Jesu, zur Lehre. Ausrichtung auf das praktische Christenleben. Eingehendere Behandlung des Heiligen Geistes und der Geistesgaben als üblich. Die Anmerkungen sind im Gesamten gesehen sehr wertvoll – auch wenn man nicht mit allen einiggehen kann.

# NT von Ludwig Albrecht

Erstausgabe 1920, 12. Auflage 1980. Aus dem Vorwort zur 1. Auflage: „Treu ist eine Übersetzung dann, wenn sie dem heutigen Leser in *seiner* Sprache möglichst genau das sagt, was der Grundtext vorzeiten in einer ganz anders gearteten Sprache seinen ersten Lesern sagte." „Dieses Ziel habe ich auch stets im Auge gehabt ... Um dieses Ziel so gut als möglich zu erreichen, mußte ich manche Stellen frei übersetzen oder umschreiben ... Die Fußbemerkungen sollen dem Leser dazu helfen, selbständig in den Inhalt des Textes einzudringen. Die Einleitungen geben kurz Auskunft über Entstehung, Zweck und Inhalt der einzelnen Schriften und sind deshalb auch für das Wortverständnis des Textes wichtig ... Erbauliche Betrachtungen und Erörterungen von Glaubensfragen liegen nicht im Rahmen dieser Arbeit. Ebensowenig werden wissenschaftliche Fragen behandelt, weil ich hauptsächlich solchen Lesern dienen will, die weder theologisch noch sprachlich gebildet sind. Ich beschränke mich darauf, in den einzelnen Fällen kurz meine Ansicht auszusprechen, wie ich auch von den zahlreichen Stellen des biblischen Textes, die verschieden verstanden werden können, nur die Übersetzung gebe, die mir am richtigsten erscheint."

Mit diesen Angaben ist Wesentliches gesagt. Im Vorwort zur 5. Auflage erwähnt Albrecht den Unterschied im Druck für manche Stellen, um den dichterischen Wohlklang auszudrücken. Wer seine Übersetzung laut lese, werde auch an manchen Stellen, die nicht durch den Druck besonders gekennzeichnet seien, den Versklang deutlich heraushören. Die Hauptsache bleibe aber immer, den Leser in das Verständnis des göttlichen

Wortes einzuführen. Er erwähnt weiter die vorwiegend verwendeten griechischen Unterlagen (H. von Soden, 1852-1914) und die Notwendigkeit, an vielen Stellen von ihnen abzuweichen. Diese bieten wohl eine Fülle von Informationen, sind jedoch nach der heutigen Erkenntnis nicht immer zuverlässig.

Zu Mk 1,3 erwähnt Albrecht: „Die Taufe des Johannes teilte an sich keine Vergebung der Sünden mit. Die Sündenvergebung wurde nur denen geschenkt, die ihren Sinn änderten und sich zu Gott bekehrten. Diese innere Sinnesänderung sollte aber durch die Taufe äußerlich bezeugt werden. Wie der Täufling bei dem Untertauchen einen Augenblick im Wasser verschwand, so sollte durch die Sinnesänderung auch der Mensch in seinem bisherigen Lebenswandel verschwinden und in einem neuen Wandel offenbar werden. Die Johannestaufe war also vorwiegend eine sinnbildliche Handlung und noch kein Sakrament (vgl. Apg 19,1-5)."

Eine andere Auffassung zeigt sich dann zu Apg 2,39: „Die Verheißung des messianischen Heils: die Taufe zur Vergebung der Sünden und die Gabe des Heiligen Geistes." Die „Tauf-Wiedergeburt" kommt auch im Bibeltext selbst zum Ausdruck. In 1. Kor 12,13 ist „durch die Taufe" eingefügt, was nicht im Grundtext steht. In 1. Tim 3,6 spricht Paulus von einem „Neubekehrten", Albrecht hingegen von einem „Neugetauften". Im Wort- und Namensverzeichnis am Schluß der Ausgabe wird „Beschneidung" u.a. als „geistliche Beschneidung in der Taufe" erklärt. Im Zusammenhang mit den angegebenen Schriftstellen Kol 2,11f. (Röm 2,29) kann die Bedeutung erkannt werden. Die direkte Beziehung zwischen geistlicher Beschneidung und Taufe ist jedoch von Kol 2,11 her nicht zulässig. Es geht um die geistliche (Herzens-) Beschneidung in Christus und das mit ihm Begrabensein in der Taufe.

*1. Kor 12,5*
Al: „Es gibt verschiedene Kirchenämter"
Je: „Verschiedenheiten in den Ämtern"
Lu 56: „mancherlei Ämter"
Lu 75: „verschiedene Dienste"
Wi: „verschiedene Weisen zu dienen"
Der Sinn ist hier die Verschiedenartigkeit der Dienste oder des Dienens, nicht der „Ämter".

*Hebr 1,3*
Elb: „da er Ausstrahlung seiner Herrlichkeit ... ist" ebenso: Ko, Sch, Br und ähnlich auch Wi.
Al: „Der ist der Abglanz seiner Herrlichkeit ..." ebenso: Zü, Me, Je, Ei, Mü, Pf.
Die erste Gruppe mit Elb trifft hier den Sinn besser.

Die folgenden beiden Bibelstellen übersetzt Al im Gegensatz zu den meisten anderen Übersetzungen nicht sinngemäß. Auf die Begründung kommen wir im 3. Teil des Buches zurück.

*Röm 5,1*
Elb: „Da wir nun gerechtfertigt worden sind aus Glauben, so haben wir Frieden mit Gott durch unseren Herrn Jesus Christus."
Al: „Sind wir nun gerecht geworden durch den Glauben, so lasset uns mit Gott in Frieden bleiben."
Pf: „Wenn es also der Glaube ist, was Gott von uns erwartet, so wächst aus ihm der volle Friede mit Gott, uns geschenkt in unserem Herrn Jesus Christus."
Wir *sind* gerechtfertigt, deshalb *haben* wir Frieden! Al und Pf übersetzen nicht sinngemäß.

*1. Kor 15,49*

Elb: „Und wie wir das Bild des Irdischen getragen haben, so werden wir auch das Bild des Himmlischen tragen."

Al: „Wie wir getragen des Irdischen Bild, so laßt uns auch tragen des Himmlischen Bild!"

Elb spricht von Glaubensgewißheit, Al mit „so laßt uns" von eigenem Bemühen.

Das Albrecht-NT wird auch gerne wegen der leicht zu lesenden Sprache benutzt. So besteht Eph 1,3-14 aus 17 Sätzen (Elb 8, Wi 9). Veraltete Ausdrücke sind jedoch nicht selten, z.B.: „Sold" (Röm 6,23); „verziehen" (Hebr 10,38); „Weib" (Mt 5,32 u.a.); „treulich" (Lk 4,11); „Menschensatzung" (Mt 15,9).

*Joh 1,11-14*

Elb: „Er kam in das Seine, und die Seinen nahmen ihn nicht an; so viele ihn aber aufnahmen, denen gab er das Recht, Kinder Gottes zu werden, denen, die an seinen Namen glauben; die nicht aus Geblüt, noch aus dem Willen des Fleisches, noch aus dem Willen des Mannes, sondern aus Gott geboren sind.

Und das Wort wurde Fleisch und wohnte unter uns, und wir haben seine Herrlichkeit angeschaut, eine Herrlichkeit als eines Eingeborenen vom Vater, voller Gnade und Wahrheit."

Al: „Er kam in sein Eigentum, die Seinen aber nahmen ihn nicht auf.

Doch allen, die ihn aufgenommen haben, und die nun gläubig sind an seinen Namen, hat er verliehn dies Vorrecht, daß sie Gottes Kinder werden.

Nicht aus Geblüt der Menschen, auch nicht aus Fleischestrieb und Manneswillen, vielmehr durch Gottes Wirksamkeit ward er erzeugt.
So ist das Wort einst Fleisch geworden und hat für eine Weile unter uns gewohnt.
Wir haben seine Herrlichkeit geschaut, ja eine Herrlichkeit, wie sie ein einziger Sohn empfängt von seinem Vater: voller Gnade und Wahrheit."

Besonders beim lauten Lesen fällt der Sprachrhythmus bei Al auf. Trotz flüssiger Sprache enthält Al jedoch noch altertümliche Ausdrücke, hier z.B. „Fleischestrieb", „Manneswillen", „ward". Elb gibt zum zitierten Textausschnitt 16 Parallelstellen an, Al 10. Elb hat 2 ganz kurze Fußnoten mit wörtlicher Wiedergabe, Al hingegen über 17 Textstellen Kleingedrucktes.

Daß Al sich nicht immer an den Grundtext hält, zeigt sich hier bei Einschüben wie „für eine Weile" oder „einst". Nicht sinngemäße Übersetzung kommt vor. Zum Beispiel „empfängt": Der Sohn *empfängt* nicht die Herrlichkeit des Vaters, sie ist Ausfluß seines eigenen göttlichen Wesens. (Wi: „Die Herrlichkeit, wie sie im einziggeborenen Sohn vom Vater widerstrahlt – voll von Gnade und Wahrheit"). Wenn Al mit der Übersetzung „durch Gottes Wirksamkeit ward er erzeugt" Vers 13 nicht auf den glaubenden Menschen, sondern auf Jesus bezieht, dann folgt er als einziger einer fragwürdigen Lesart.

A. Symank schreibt: „Das Neue Testament von L. Albrecht ist voll empfehlenswert und verdient weiteste Verbreitung. Gewiß finden sich in der Übersetzung und in den reichlich vorhandenen Erläuterungen hin und wieder eigentümliche Ansichten des Verfassers, doch teilt dieser ganz und gar die Überzeugung der vollen Inspiration der Bibel. So ist ein Werk entstanden, das bei

sehr flüssigem Deutsch versucht, überall den Aussagen des griechischen Textes gerecht zu werden." ([45])
Brunnen-Verlag, Gießen und Basel.

**Zusammenfassung:** Bibeltreu. Einzelne Stellen nicht zuverlässig. Teilweise Sakramentalismus. Flüssig zu lesende Gegenwartssprache. Einleitungen zu den biblischen Büchern. Umfangreiche Anmerkungen zum Text, die jedoch nicht alle bejaht werden können. Keine erbaulichen Kommentare.

# NT von Friedrich Pfäfflin

Das NT erschien 1939, die revidierte Ausgabe 1965. Diese Ausgabe verzichtet – im Gegensatz zu allen anderen – auf Zusätze wie Einleitungen, Überschriften, Fußnoten und Nachworte. Lediglich zum Markus-Schluß werden zwei Überschriften gegeben. Hin und wieder sind jedoch im laufenden Text Einschübe in Klammern zu finden. Die Verse sind nur abschnittweise angegeben.

Im Vorwort zur revidierten Ausgabe wird u.a. festgestellt: „Daß die beste moderne Übersetzung die lutherische nicht zu überbieten, nur den Weg zu ihr zu ebnen vermag, ist uns gewiß. Ebenso gewiß ist uns, daß es im letzten Grund nicht auf die Kunst des Übersetzens ankommt, sondern auf den Geist, der das geschriebene Wort lebendig werden und Leben schaffen läßt, wann und wo er will."

Auf die Bedeutung der Ausdrücke in Klammern wird nirgends hingewiesen. Sie ist oft nicht einheitlich. Wenige Beispiele: In Mt 1,23 wird ein Bestandteil des Grundtextes nur in runden Klammern angegeben: (das bedeutet: „mit uns ist Gott"). Mt 6,24 hat den Grundtext in eckigen Klammern: „Mammon" und die Übersetzung „Geld" im Text. In Mt 6,13 steht in eckigen Klammern ein späterer Zusatz in den griechischen Handschriften: „Denn dein ist die Herrschaft, die Kraft und die Herrlichkeit in Ewigkeit". In Mt 5,48 hingegen sind in eckiger Klammer Zusätze zum Text, die Auslegung sind: Kurz: *Ihr* sollt vollkommen sein „in eurer Art", wie euer himmlischer Vater „in seiner Art" vollkommen ist. – Das gilt auch für Röm 9,25: „Hat er dazu etwa kein Recht?".

Sprachlich ist das Pfäfflin-NT einfach und enthält noch weniger veraltete Ausdrücke als Al. Die Bedeutung der Buße wird z.B. in Mt 3,8 klar ausgedrückt, wo Elb übersetzt „Bringt nun der Buße würdige Frucht", und Pf: „Laßt doch erst einmal rechtschaffene Früchte wirklicher Umkehr sehen!" Weniger klar verständlich ist bei Pf Mk 3,2 „damit sie ihm wieder am Zeug flicken können". Elb übersetzt hier „damit sie ihn anklagen könnten".

„Hosianna" übersetzt Pf mit „Heil" (Mk 11,9-10), in Mt 10,4 spricht er vom „ehemaligen Nationalist Simon", in Röm 8,2 von der Befreiung „vom Kommando der Sünde". Diese „modernen" Formulierungen können heute auch stark negativ wirken.

*2. Thes 2,2*

Elb: „Weder durch Geist, noch durch Wort, noch durch Brief"

Pf: „Weder durch einen Geistbegabten noch durch einen Rechenkünstler, noch durch einen angeblich von mir geschriebenen Brief"

Das Wort meint den Geist, nicht den mit Geist Begabten. Der „Rechenkünstler" ist nicht sinngemäß, engt den Begriff ein.

*Mt 23,32*

Elb: „Und ihr, macht nur das Maß eurer Väter voll!"

Al: „So macht denn *ihr* das Maß der Sünden eurer Väter voll!"

Pf: „Wenn ihr so fortfahrt, treibt ihr's noch schlimmer als eure Väter!"

Pf übersetzt eindrücklich und frei, geht jedoch über den Grundtext hinaus.

*Mk 16,16*

Elb: „Wer gläubig geworden und getauft worden ist, wird errettet werden; wer aber nicht gläubig geworden ist, wird verdammt werden."

Pf: „Wer Glauben faßt und sich taufen läßt, soll Rettung finden. Wer das nicht vermag, verfällt dem Gericht."

Pf übersetzt nicht richtig. Wer *nicht gläubig ist,* wird verdammt werden. Nach Pf ist das Gerichtsurteil vom Glauben *und von der Taufe* abhängig. „Glauben fassen" und „gläubig *geworden sein"* ist nicht gleichbedeutend. Pf meint eher „Glauben fassen, um sich taufen zu lassen", was nicht grundtextgemäß ist.

Abschließend ein Textvergleich mit *Joh 1,1-5:*

Elb: „Im Anfang war das Wort, und das Wort war bei Gott, und das Wort war Gott. Alles wurde durch dasselbe, und ohne dasselbe wurde auch nicht eines, das geworden ist. In ihm war Leben, und das Leben war das Licht der Menschen. Und das Licht scheint in der Finsternis, und die Finsternis hat es nicht erfaßt."

Pf: „Ursprung aller Dinge war das Wort. Aus Gottes Herzen kommt das Wort. Ja, Gott selbst war das Wort. So war es im Urbeginn, so ist es bis heute.
Alles ohne jede Ausnahme ist durch das Wort geworden.
Das Leben quillt aus ihm, und beim Menschen wurde das Leben zum Licht.
Das Licht leuchtet in der Finsternis. Aber die Finsternis hat es nicht auf sich wirken lassen."

Die verschiedenen Schwerpunkte werden nun verglichen:

| | Elb: | Pf: |
|---|---|---|
| V.1 | das *Wort* | der *Ursprung aller Dinge* |
| | das Wort *war* bei Gott | das Wort *kommt aus* Gottes Herzen |
| V.4 | *in ihm war* Leben | *aus ihm quillt* das Leben |
| | das Leben *war* das *Licht* der Menschen | beim Menschen *wurde* das Leben zum Licht |
| V.5 | die Finsternis hat es nicht *erfaßt* | nicht *auf sich wirken lassen* |

Die vielen Bedeutungsunterschiede zeigen sich bei einem Vergleich der kursiv gedruckten Stellen. In Vers 4 führt auch die Satzumstellung zu einer anderen Bedeutung.

**Zusammenfassung:** Bibeltreu. Sprachlich zeitgemäß. Ohne Einleitungen, Anmerkungen usw. Klammerbemerkungen im Text mit uneinheitlicher Bedeutung. Übersetzung nicht immer sinngemäß. Nur noch begrenzt erhältlich.

# Bruns-Bibel

Die ganze Bibelübersetzung von Hans Bruns erschien erstmals 1962, die 8. Auflage 1981. Sie will Übertragung – nicht Übersetzung – sein, die sich nach einleitendem Hinweis bemüht „um eine etwas freiere Wiedergabe des Textes mit gelegentlichen Erweiterungen in Klammern, allerdings unter sorgfältiger Benutzung des Grundtextes." Grundsatz der Übertragung sei, „dem heutigen Leser in seiner Sprache das zu sagen, was der Grundtext den damaligen Lesern als Gottesoffenbarung zu verkündigen hatte." Das entspricht der Zielsetzung verschiedener anderer modernen Übertragungen. Die vorliegende Ausgabe enthält kein Vorwort, jedoch eine etwa vierseitige, praktische „Starthilfe zum Bibellesen". Besondere Bedeutung kommt den sehr umfangreichen Anmerkungen vorwiegend praktischer Art zu, die abschnittweise in kleinerer Schrift in den laufenden Text eingefügt sind. Der Anhang umfaßt sechs Seiten „Bibelstellen zu bestimmten Themen" und eine Zeittafel mit Karten.

Die Reaktionen auf diese Übertragung waren nicht nur positiv. Bei näherem Kennenlernen zeigte sich viel Oberflächlichkeit und Ungenauigkeit. Bis heute sind jedoch sehr viele Korrekturvorschläge berücksichtigt worden – leider nicht alle.

Die Übertragung ist von einer grundsätzlich bibeltreuen Haltung geprägt. Trotzdem finden sich Hinweise auf die historisch-kritische Forschung. Zu 1. Mo erwähnt Bruns u.a.: „Es ist in den letzten Jahrzehnten oft versucht worden, festzustellen, wie die fünf Bücher Mose entstanden sind, ob Mose sie selbst geschrieben oder wer sie vielleicht später aus verschiedenen Quellen zusammengestellt hat. All diese Fragen lassen wir bewußt auf sich beruhen, zumal sie nie in letzter Klarheit beantwortet werden können und auch keine so entscheidende Bedeutung haben. Wir nehmen diese Bücher so, wie sie *Jesus* genommen hat und wie sie zu allen Zeiten von seinen Jüngern verstanden wurden." Daß z.B. die Frage nach der Verfasserschaft der Mosebücher „keine so entscheidende Bedeutung habe" (obwohl der Pentateuch, die übrige Bibel und Jesus Christus selbst die Verfasserschaft Mose bezeugen), kommt der Ablehnung der Echtheit gleich und zeigt eine gebrochene Stellung zur vollen Inspiration der Schrift.

Bibelkritisches Gedankengut findet sich in der Einleitung zu Jes 40-55: „Gewiß hätte Gott dem Jesaja auch das kommende Geschehen in prophetischer Schau anvertrauen können. Doch ist es naheliegend, an einen anderen Propheten zu denken, dem Gott diese Botschaft aufgetragen hat. Es ist nicht wichtig, ob einer oder mehrere dieses Buch geschrieben haben; wichtig ist nur eins, daß Gottes Geist diese Schrift zu einer einheitlichen großen Schau gestaltet hat." In der Einleitung zum Lukas-Evangelium wird die Quellenscheidung vertreten: „(man nennt dieses „Q" = die gemeinsame Quelle der beiden Evangelien).

Die Bedeutung der im Bibeltext in Klammern eingeschobenen Bemerkungen wird nicht erklärt und ist uneinheitlich. Einige wenige Beispiele:

*Ps 73,1*
„... Gott ist voller Güte zu Israel, ja zu allen, die ihn aufrichtig wollen („reines Herzens sind").
In der Klammer steht hier die wörtliche Übersetzung.

*Röm 10,6-7*
„... (um Christus von dort herunterzuholen) ... (um Christus aus der Mitte der Toten herauszuholen)."

Hier steht in Klammern, ohne Anführungszeichen, was zum Grundtext gehört. Auch Zusätze zum Text finden sich in runden Klammern, ohne daß sie als Zusätze erkenntlich wären, z.B. in

*Ps 119,65+67*
„HERR, du hast (schon oft) deinem Knechte Gutes getan, nach deinem (Verheißungs-) Wort ... nun will ich (allein) dein Wort beachten."
Das gilt auch für Röm 2,5:
„(Wie gefährlich ist das Gegenteil:) Der Mensch wird störrisch ..."

*Ps 79,11*
„Laß die „Söhne des Todes" (die „Todeskandidaten") durch die Kraft deines Arms befreit werden!"
Hier steht die wörtliche Übersetzung als besonderer Ausdruck im Text und in der Klammer der Versuch eines ebenfalls besonderen Ausdrucks für die Gegenwart.

Auch eckige Klammern verwendet Bruns unterschiedlich. Andererseits finden sich Zusätze, die nicht zum Grundtext gehören, nicht in Klammern, wie „Das muß ich noch sagen, liebe Brüder", in Phil 4,1.

*1. Tim 6,3*
Elb: „der Lehre beitritt, die gemäß der Gottseligkeit ist"
Al: „die Lehre, die der Frömmigkeit entspricht"
Br: „wie sie wirklicher Gottesfurcht entspricht"
Hier übersetzen Elb und Al mißverständlich, Br hingegen klar.

*Röm 2,5*
Elb: „Nach deiner Störrigkeit und deinem unbußfertigen Herzen aber häufst du dir selbst Zorn auf für den Tag des Zorns und der Offenbarung des gerechten Gerichtes Gottes."

Pf: „So ziehst du dir mit deinem verstockten und unbußfertigen Herzen ein immer schwereres Zorngericht zu auf den Tag, da Gottes heiliger Zorn das Wort hat und er sein gerechtes Gericht vollzieht."

Al: „Bist du aber hartnäckig, und ist dein Herz unbußfertig, so sammelst du dir einen Schatz von Zorn, (der dir ausbezahlt werden soll) an jenem Tage, wo sich Gottes Zorn entlädt und sein gerechtes Gericht offenbar wird."

Br: „(Wie gefährlich ist das Gegenteil:) Der Mensch wird störrisch, und sein Herz ist nicht mehr fähig zur Buße! Darum zieht er sich nur um so mehr den Zorn Gottes zu am Tage des Gerichts, wo Gott in seiner Gerechtigkeit offenbar werden wird."

Bei Elb und Pf (grundtextgemäß) ist das unbußfertige Herz Tatsache und somit auch das Gericht. Die Aussage ist persönlich und direkt. Al stellt den Menschen eigentlich noch vor die Wahl: Das Gericht kommt, wenn du hartnäckig bist. Br verallgemeinert noch mehr durch den Zusatz in Klammern. Dann wird die Aussage durch die indirekte Rede noch unverbindlicher und bleibt lediglich Möglichkeit.

*1. Mo 1,1-4*

Ei: „Im Anfang schuf Gott Himmel und Erde; die Erde aber war wüst und wirr, Finsternis lag über der Urflut, und Gottes Geist schwebte über dem Wasser.

Gott sprach: Es werde Licht. Und es wurde Licht. Gott sah, daß das Licht gut war. Gott schied das Licht von der Finsternis."

Br: „Am Anfang schuf Gott die Himmel und die Erde. Die Erde aber hatte noch keine Form und kein Leben. Dunkel lagerte über der Urflut. Aber der Geist Gottes schwebte über den Wassern.

Dann sprach Gott: „Es werde Licht!" Da ward Licht. Und Gott sah das schöne Licht und schied das Licht von der Dunkelheit."

Das hebräische Wort für „Himmel" steht immer in der Mehrzahl. Hier ist jedoch von der Schöpfung des gesamten Universums die Rede. Deshalb übersetzen Ei, Bu, Zü, Me, Sch „Himmel" hier in der Einzahl. Wenn Br hier Mehrzahl setzt, ist dies sprachlich richtig. Es besteht jedoch kein Grund, dann an anderen Stellen Einzahl zu wählen, wie Bruns dies in 1. Mo 2,1 und 2,4 tut. In Ps 2,4 übersetzt Br „in den Himmeln", während alle andern, auch Elb, Einzahl setzen: „Der im Himmel thront, lacht, der Herr spottet über sie." Der Herr thront über der gesamten Schöpfung, deshalb Einzahl.

In Jos 23,14 nach Br: „... daß alle frohen Verheißungen, die der HERR, euer Gott, euch gegeben hat, eingetroffen sind!" Das Hebräische spricht jedoch die Qualität an: „gute Worte", „all das Gute". In Jes 9,2 formuliert Br: „tiefe Freude" und „hellen Jubel". Der Sinn des Grundtextes ist jedoch „große Freude" und „viel Jubel", also die „Menge", nicht die Empfindung. Das „schöne Licht" in 1. Mo 1,4 entspricht auch nicht dem Grundtext, der mit „gut" hier ebenfalls die Qualität anspricht.

*Hebr 6,2*

Elb: „der Lehre von Waschungen und der Handauflegung"
Ei: „über die Taufen, die Handauflegung"
Ko: „die Lehre vom Taufen und das Händeauflegen"
Pf: „der Lehre von der Taufe und Handauflegung"
Br: „über die Tauflehre und über das Handauflegen"

Verschiedene Gelehrte übersetzen „Taufen“ und „Waschungen“ als grundtextgemäß, was dann teilweise in den Anmerkungen (z.B. Al, Me) zum Ausdruck kommt. Bei Ko ist „Taufen“ ebenfalls in Mehrzahl, wie bei Elb und Ei. Pf und Br sind mit der Einzahl nicht grundtextgemäß. F. Rienecker verändert den Grundtext nicht. Er stellt einfach fest: „es fällt die Mehrzahl „Taufen“ auf. Eine Erklärung dieser auffallenden Pluralform ist nicht zu finden.“ ([44])

An verschiedenen Stellen übersetzt Br die bedeutsame Wendung „in Christus“ mit „in Gemeinschaft mit Christus“. Ein Beispiel:

*2. Kor 5,17*

Elb: „Daher, wenn jemand in Christus ist, so ist er eine neue Schöpfung; das Alte ist vergangen, siehe, Neues ist geworden.“

Br: „Wenn ein Mensch in die Gemeinschaft mit Christus kommt, ist er eine neue Schöpfung. Das Alte ist vergangen, siehe, es ist etwas ganz Neues entstanden!“

Das „Daher“ bei Elb stellt den geistlichen Bezug zum Vorhergehenden dar. Wi sagt „Darum“, Ei „Wenn also“, Al „Wer also“, Zü „Ist somit“, Sch „Darum“. Br erwähnt diesen Zusammenhang nicht. „In Christus *sein*“ und „in die Gemeinschaft mit Christus *kommen*“ ist ebenfalls nicht gleichbedeutend. „In Christus sein“ schließt das Heil in sich, ist ein neuer „Zustand“ (Kol 1,13-14), „kommen“ erinnert vielmehr an einen Vorgang. „In Christus sein“ ist viel bedeutungsschwerer als „Gemeinschaft“, die nicht wesensmäßig ist, sondern sehr äußerlich, oberflächlich, unverbindlich aufgefaßt werden kann.

Die Herausgeber haben bis heute vieles verbessert. Gerade bei dieser Übersetzung oder bei Zi zeigt sich jedoch, wie schwierig es ist, eine ursprünglich eher oberflächliche und uneinheitliche Übertragung im Laufe der Jahre so zu berichtigen, daß sie zuverlässig wird. Besonderes Merkmal der Bruns-Bibel sind ebenfalls die umfangreichen Erklärungen vorwiegend praktischer Art.

Brunnen-Verlag, Gießen und Basel.

**Zusammenfassung:** Bibeltreu, jedoch einige gemäßigt bibelkritische Hinweise. Übertragung in zeitgemäßer Sprache. Nicht immer zuverlässig. Oft ungenau. Umfangreiche Erklärungen vorwiegend evangelistisch-erbaulicher Art. Viele sind praktisch hilfreich.

# Fotobibel

Die Fotobibel erschien erstmals 1972 als einbändige, neu redigierte und revidierte Sonderausgabe des in Vertriebscooperation mit einem katholischen Verlag verbreiteten und mit kirchlicher Druckgenehmigung versehenen zweibändigen Werks „Das Neue Testament für Menschen unserer Zeit".

Die Ausgabe enthält keine lange Einleitung, keine Fußnoten und keinen Anhang, jedoch 185 ganzseitige Fotos und 1330 Zwischenüberschriften, die den Text aktualisieren sollen.

Folgende Einführung wird vorangestellt: „Dieses Neue Testament ist ein Versuch, Menschen unserer Zeit in Formen, die ihnen geläufig sind, mit dem Evangelium vertraut zu machen. Die „Fotobibel" will nicht mit den traditionellen Bibelfassungen konkurrieren, sie will vielmehr den Zugang zu ihnen erleichtern. Die Bildseiten geben Interpretationshilfen zu den gegenüberstehenden Textstellen in *Kursivschrift.* Foto und Kursivstelle bilden sozusagen die beiden Eckpfeiler einer Brücke, deren verbindender Bogen durch eigene Gedanken geschlagen werden muß."

Beispiele von kursiv gedruckten Bibelstellen und darauf bezogenen Fotos:

Zu Mt 4,18 „Sie waren Fischer" – eine Innenansicht der Peterskirche mit vielen kirchlichen Würdenträgern. Zu 1. Jo 5,18 „Es ist uns klar, daß jeder, der von Gott kommt, nichts Böses tut" – Menschen, die eine Kirche verlassen und zusammen sprechen. Zu Röm 16,5 „Grüßt auch ihre Hausgemeinde" – die Nahaufnahme von rund einhundert Namensschildern bei einem Hauseingang. Zu Mt 28,6 „Er ist nicht hier, er ist auferweckt worden“ folgen Friedhofkreuze. Zu Mt 24,23 „Wenn dann einer euch versichert: „Paßt auf, hier oder dort ist der Christus“ – ein bis zu den Hüften im Flußwasser stehender, gutangezogener Prediger mit Mikrofon anläßlich einer Taufhandlung.

Zu Lk 24,45 „Danach öffnete er ihnen die Augen, die Schriftstellen zu verstehen“ – fragende Gesichter. Zu Mk 15,34 „Mein Gott! Mein Gott! Warum hast du mich verlassen?“ – das Bild eines Flüchtlings, der am Stacheldraht hängt. Zu Joh 14,27 „Meinen Frieden schenke ich euch. Anders, als ihn die Welt geben kann“ – Kanonenrohre. Zu Kol 1,15 „Er ist das Bild des unsichtbaren Gottes“ – Fotoreporter beim Fotografieren. Zu 1. Kor 9,27 „Ich trainiere meinen Körper und mache ihn gefügig. Denn ich möchte nicht andern Anweisungen geben und selbst zum Versager werden“ – trainierende Sportler. Zu Apg 1,11 „Was steht ihr hier und schaut zum Himmel“ – eine Kunstflugvorführung. Zu Joh 13,6 „Ich bin der Weg und die Wahrheit und das Leben“ – eine Frau bei der Schönheitspflege.

So haben ganzseitiges Foto und Kursiv-Text verschiedene Wirkungen: Die Bilder verdeutlichen oder kontrastieren den Text. Das Bild legt den Text aus: treffend, provozierend, einengend und oft auch falsch. Der Leser findet wohl Bezugspunkte von der heutigen Welt her zum Wort, wird aber daran gehindert, mit seinem persönlichen Leben offen und unvoreingenommen vor Gott und sein Wort zu treten, um wahre Einsicht, Hilfe und Antwort zu erhalten.

Die als Interpretationshilfe gedachten „Eckpfeiler einer Brücke ...“ sind keine Eckpfeiler. Der *Kursiv-Druck* einzelner Stellen reißt den Text aus dem Zusammenhang. Statt Textzusammenhang zählt nun die Kursivdruck-Bild-Beziehung. Das ist sicher nicht der Weg, der den „Zugang“ zu traditionellen Bibelfassungen erleichtert. Der Gott wohlgefällige Zugang wird eher erschwert.

Die Zwischentitel aktualisieren den Text, geben Inhaltsangaben oder Auslegung für den Leser an. Beispiele: „Bekennen hat Konsequenzen", „Die Taufe, keine Garantie", „Ansteckender Glaube", „Wie man die Zeitung lesen sollte", „Maria, der Mensch, der zuhören konnte", „Plädoyer für die christliche Freiheit", „Einmal wird Rechenschaft gefordert", „Hier müssen wir alle mitlernen", „Glaubwürdig ist nur, wer lebt, was er sagt", „Christentum inkognito?", „Der Humanismus Gottes", „Der Mensch, das Maß aller Dinge – auch für Jesus!"

Viele Überschriften sind treffend, modernere nicht immer verständlicher, andere mißverständlich oder falsch, wie obige Beispiele zeigen. Ganz falsch ist das zuletzt angeführte Beispiel: Auch wenn sich Jesus ganz für den Menschen hingab, so blieb doch der Vater und sein Wille das Maß aller Dinge für ihn – nicht ein Mensch.

*Eph 2,5*

Elb: „uns, die wir in den Übertretungen tot waren"

Fo: „uns, die wir ‚tot' waren in unserm verfehlten Leben."

Ein verfehltes Leben bedeutet für den heutigen Menschen noch lange nicht Übertretungen, Sünden gegenüber Gott.

*Eph 1,7*

Elb: „Vergebung der Übertretungen nach dem Reichtum seiner Gnade"

Fo: „Vergebung der Schuld. So reich ist Gottes Güte."

Der Begriff „Schuld" erinnert heute vielfach nicht an die Übertretung von *Gottes* Willen und Gebot. „Güte" erlebt man auch unter Menschen. Der Begriff deckt sich bei weitem nicht mit dem Reichtum der „Gnade Gottes". Andere Stellen wie z.B. Röm 5,20 oder 6,12-14 erwähnen „Sünde" und „Gnade". Die Uneinheitlichkeit rührt hier auch daher, daß das NT von vier verschiedenen Übersetzern bearbeitet und dann erst noch revidiert wurde.

*Jak 3,18*

Elb: „Die Frucht der Gerechtigkeit aber wird in Frieden denen gesät, die Frieden stiften."

Fo: „So reift bei denen, die den Frieden fördern, friedlich aus dem Samen der Frömmigkeit die Frucht."

Bei Elb wird die Frucht der Gerechtigkeit gesät. Bei Fo reift die Frucht aus dem Samen der Frömmigkeit. Frucht göttlicher Gerechtigkeit und (undefinierter) Same der „Frömmigkeit" sind nicht gleichbedeutend. Zudem: „säen" oder „reifen". Welche Unterschiede!

*1. Kor 9,27*

Elb: „Ich zerschlage meinen Leib und knechte ihn, damit ich nicht, nachdem ich anderen gepredigt, selbst verwerflich werde."

Fo: „Ich trainiere meinen Körper und mache ihn gefügig. Denn ich möchte nicht andern Anweisungen geben und selbst zum Versager werden."

Wie sehr hier der Text abgeschwächt wird, ist offensichtlich. Vor Gott verwerflich und „ein Versager" werden ist nicht unbedingt gleichbedeutend.

*Offb 1,7*

Elb: „Wehklagen werden seinetwegen alle Stämme der Erde."

Fo: „Alle Völker der Erde werden seinetwegen heftig erschrecken."

*Offb 22,15*

Elb: „und jeder, der die Lüge liebt und tut"

Fo: „und alle die, die das Unwahre lieben und tun"

Bei beiden Bibelstellen wird stark abgeschwächt: wehklagen/erschrecken; die Lüge/das Unwahre.

*1. Tim 3,6*

Elb: „kein Neubekehrter"

Fo: „Er darf im Glauben und in der Gemeinde kein Neuling sein"

Dieses Beispiel zeigt die Ungenauigkeit der Übertragung. Abschließend noch ein weiterer Vergleich:

*Apg 9,35*

Elb: „Und es sahen ihn alle, die zu Lydda und Saron wohnten; die bekehrten sich zum Herrn."

Fo: „Und alle Einwohner von Lydda und in Saron sahen ihn und begannen, an den Herrn zu glauben."

Zi: „Die Bewohner von Lydda und aus der Landschaft Saron aber, soweit sie Christen waren, sahen ihn geheilt."

Wi: „Und alle Bewohner von Lydda und in der Ebene Saron sahen ihn und bekehrten sich zum Herrn."

Ei: „Und alle Bewohner von Lydda und der Scharon-Ebene sahen ihn und bekehrten sich zum Herrn."

Klar übersetzt wird „Bekehrung" hier bei Elb, Wi und Ei. Bei Fo hingegen ist Glaube als Wachstumsprozeß wiedergegeben, was ohne anfängliche Entscheidung/ Umkehr nicht biblisch ist. Der Grundtext spricht von Umkehr, Hinwendung. Die Vergewaltigung des Textes durch Zi kommt einem Verbrechen gleich.

**Zusammenfassung:** Gut lesbare Übertragung. Ökumenisch. Schwerpunkt sind interpretierende Fotos zu kursiv gedruckten Bibelstellen und gegenwartsnahe Überschriften. Damit wertet der MENSCH den Text: treffend, einseitig oder falsch. Die Übertragung selbst entspricht dem heutigen Trend der Verflachung und verfälscht oft Gottes Wort.

# Bibelübertragung von Jörg Zink

Das **Alte Testament** ist 1966 erschienen. Dabei handelt es sich nicht um alle 39 alttestamentlichen kanonischen Bücher, sondern um eine Auswahl, die etwa den halben Bestand umfaßt. Die Anordnung sei, wie das Vorwort erwähnt, „nach dem Verlauf der inneren und äußeren Geschichte" erfolgt. Aus der Zeit nach Abschluß des AT-Kanons sind „Stücke aus den sogenannten Apokryphen sowie aus einigen Schriften angefügt, die im 2. und 1. Jahrhundert vor Christus entstanden und also in der Lücke stehen, die sonst zwischen dem Alten und dem Neuen Testament klafft. Das Buch endet bei einigen Worten der Gemeinde von Qumran, einer klösterlichen Gemeinschaft, die bis in die Zeit der Apostel bestand, so daß ein geschlossenes Bild der großen Geschichte entsteht, die von Abraham bis unmittelbar zu Jesus Christus führt."

Der Titel „Das Alte Testament" entspricht also nicht dem Inhalt, der Einführung in die Geschichte des AT sein will. Der Geschichtsablauf wird aufgrund historisch-kritischer Forschung geschildert. So werden die „Reden des dritten Jesaja" und die „Lieder des zweiten Jesaja über den Knecht Gottes" im Inhaltsverzeichnis erwähnt. Die Niederschrift der „frühesten Gedanken über die Anfänge der Welt und die Urgeschichte der Menschheit" wird in die Zeit Davids und Salomos verlegt und damit auch die Verfasserschaft des Mose abgelehnt (S. 199).

Für 1. Mo 1 und 2,1-4 z.B. wird festgehalten, diese Stücke seien in älteren Zeiten entstanden als während der babylonischen Gefangenschaft, aber sie seien mit hoher Wahrscheinlichkeit von Priestern, die in Babylonien in der Gefangenschaft lebten, endgültig formuliert worden (S. 391).

In der Schlußbemerkung (S. 559-563) erwähnt der Verfasser, das Wesentliche sei hier nicht die Übersetzung oder Übertragung des Textes in ein modernes Deutsch, sondern seine Auswahl und Anordnung. Das erste Blatt der Bibel sei keineswegs am Anfang der Geschichte zwischen Gott und Israel niedergeschrieben worden, sondern das Bekenntnis einer späteren Epoche. Da es ein Altes Testament in geschichtlicher Gliederung noch nicht gegeben habe, hafte einer solchen Ausgabe selbstverständlich alles Ungesicherte und Kritisierbare eines ersten Entwurfs an. Da sie indessen nicht an die Stelle der Heiligen Schrift des Alten Testaments, wie sie uns überliefert sei, treten wolle und werde, möge man diese Tatsache leichtnehmen.

„Leichtnehmen“ könnte man dies eher, wenn nicht durch den großen Haupttitel der Ausgabe „Das Alte Testament“ das Kleingedruckte („ausgewählt, übertragen und in geschichtlicher Folge angeordnet“) verdrängt und ein falscher Eindruck beim uneingeweihten Leser entstehen würde. Noch weniger erfreulich ist allerdings, wie die Inspiration einzelner Schriften und des Kanons mißachtet und die historisch-kritische Forschung als Maßstab genommen wird.

Das **Neue Testament** von Jörg Zink ist erstmals 1965 erschienen. Die Übertragung wolle zwischen Übersetzung und Nachdichtung mitten hindurchführen, erwähnt das Vorwort. Weiter: „Sie schließt den alten Text mit Hilfe freier Wendungen auf, umschreibt schwierige Wörter, für die es im Deutschen keine Entsprechung gibt, durch ganze Sätze, lockert diese Formulierungen auf und fügt kurze Erklärungen in Klammern bei, ohne dabei schon zu fragen, wie man all dies auf den heutigen Tag anwenden könne."

Daß eine so freie Übertragung stark subjektiv geprägt ist, wird bestätigt: „Selbstverständlich wird, wer einen so alten Text in heutige Worte zu fassen sucht, dabei immer wieder auch seine eigene Überzeugung, sein Verständnis, seine persönliche Meinung zum Ausdruck bringen. Das ist nicht durchweg zu vermeiden ... Die Mißverständnisse können dadurch entstehen, daß der Übersetzer an dieser oder jener Stelle seinem persönlichen Verständnis Ausdruck gibt." Diese Übertragung will „eine Art Gespräch mit dem Leser dicht am Wortlaut des Textes entlang" sein. „Es ersetzt keine wissenschaftliche und keine kirchenamtliche Ausgabe. Vielleicht aber kann es dazu helfen, daß der Leser danach auch zu einer wörtlichen Übersetzung Zugang findet."

Entsprechend historisch-kritischer Forschung wird das Matthäus-Evangelium sehr spät datiert (80-90 n.Chr.), ebenfalls das Lukas-Evangelium (80 n.Chr.). Aus der Einleitung zum Johannes-Evangelium: „Es gibt gute Gründe, die uns die Vermutung nahelegen, ein anderer oder mehrere andere seien die Verfasser."

Wir behandeln nun verschiedene Übersetzungsbeispiele:

*Mt 3,11*
Elb: „Ich zwar taufe euch mit Wasser zur Buße"
Zi: „Ich tauche euch ins Wasser, damit ihr rein seid und neu anfangen könnt."

Zi erwähnt keine Buße, jedoch Reinigung durch die Taufe.

*Mt 12,36*

Elb: „Ich sage euch aber, daß die Menschen von jedem unnützen Wort, das sie reden, Rechenschaft geben müssen am Tag des Gerichts."

Zi: „Ich sage euch: Über jedes Wort, mit dem die Menschen Gottes Wirken hindern, werden sie Rechenschaft geben am Tage des Gerichts."

Jedes unnütze Wort, das wir reden, ist gemeint! Bei Zi jedes Wort, mit dem wir Gottes Wirken hindern – was nicht gleichbedeutend ist. Das unausweichliche Rechenschaft ablegen *müssen* wird von Zi ausgelassen.

*Mat 19,12*

Elb: „Und es gibt Verschnittene, die sich selbst verschnitten haben um des Reiches der Himmel willen"

Zi: „Und es gibt zuletzt Menschen, die sich selbst ihre Fähigkeit zur Ehe genommen haben, um das himmlische Reich zu gewinnen."

Es geht um das bessere Dienen für das himmlische Reich, nicht um das Gewinnen des himmlischen Reichs. Das Himmelreich gewinnt man durch Glauben, nicht durch Dienen.

*Mt 28,19-20*

Elb: „Geht nun hin und macht alle Nationen zu Jüngern, und tauft diese auf den Namen des Vaters und des Sohnes und des Heiligen Geistes, und lehrt sie, alles zu bewahren, was ich euch geboten habe!"

Zi: „Geht hin und nehmt alle Völker in die Gemeinschaft auf, die ich mit euch habe. Tauft sie und verkündigt, sie seien damit Eigentum des Vaters und des Sohnes und des heiligen Geistes. Gebt ihnen die Weisungen weiter, die ich euch gebe, und zeigt ihnen, wie sie danach leben können ..."

Der Weg zur Jüngerschaft ist anders, als Zi feststellt mit dem unverbindlichen Ausspruch „nehmt alle Völker in die Gemeinschaft auf, die ich mit euch habe." Das kann nur durch Gottes Geist geschehen aufgrund einer persönlichen Entscheidung. Eigentum des Vaters ... ist man nicht „damit", d.h. mit dem Taufakt. Entscheidende Voraussetzung ist der Glaube. „... lehren zu bewahren, was Jesus als verbindliches Gebot gegeben hat" ist viel stärker als „Weisungen weitergeben, die er gibt, und zeigen, wie man danach leben kann".

*Mk 8,17*

Elb: „Habt ihr euer Herz verhärtet?"

Zi: „Ist euer Herz noch immer so unzugänglich und verschlossen?"

Zi schwächt die Aussage stark ab.

*Lk 19,10*

Elb: „Denn der Sohn des Menschen ist gekommen, zu suchen und zu erretten, was verloren ist."

Zi: „Ich jedenfalls bin gekommen, die Menschen zu suchen und zu retten, um die sich keiner kümmert."

Es geht hier nicht einfach um vernachlässigte Menschen. Gemeint sind jene, die fern vom Heil, die verloren sind.

*Apg 1,5*

Elb: „Denn Johannes taufte mit Wasser, ihr aber werdet mit Heiligem Geist getauft werden"

Zi: „Denn Johannes hat ... mit Wasser getauft und die Menschen durch das Zeichen des Wassers als Gottes Eigentum bezeichnet. Ihr aber ..."

Der ganze mittlere Teil bei Zi ist eigener Zusatz, steht nicht im Grundtext.

*Apg 3,19*

Elb: „So tut nun Buße und bekehrt euch, daß eure Sünden ausgetilgt werden."

Zi: „Ändert euch also ganz und gar und anerkennt ihn als euren Herrn, damit euch eure Untaten verziehen werden."

Sünden werden ausgetilgt, nicht nur „Untaten verziehen". Gott sei Dank dafür! Wie schwach wirkt die Übertragung von Zi.

*Apg 6,4*

Elb: „wir aber werden im Gebet und im Dienst des Wortes verharren."

Zi: „wir aber wollen uns ungeteilt mit den Gottesdiensten und der Auslegung des Wortes Gottes befassen."

Und das Gebet?

*Röm 3,24*

Elb: „und werden umsonst gerechtfertigt durch seine Gnade, durch die Erlösung, die in Christus Jesus ist."

Zi: „Nun anerkennt er sie als seine Kinder, ohne Bedingungen zu stellen, einfach aus Freundlichkeit, und macht sie zu freien Menschen, indem er sie auf Jesus Christus verweist."

Wie bedeutungsschwach ist die Wendung „einfach aus Freundlichkeit". „Auf Jesus Christus verwiesen werden" genügt noch nicht, um frei zu sein.

*Röm 6,23*

Elb: „Denn der Lohn der Sünde ist der Tod, die Gnadengabe Gottes aber ewiges Leben in Christus Jesus, unserem Herrn."

Zi: „Wer ein Söldner der Sünde ist, den entlohnt sie mit dem Tod. Wer Gott dient, dem gibt er, was er Jesus Christus, unserem Herrn gegeben hat: ewiges Leben."

Ewiges Leben hat man nur in Christus Jesus. Das ist Gnadengabe, Geschenk. Bei Zi hingegen ist das ewige Leben für den, der Gott dient. Der Vergleich mit Christus Jesus steht nicht im Text und ist unbiblisch: Christus ist von Ewigkeit her, er hat nicht ewiges Leben erhalten.

*Röm 8,32*

Elb: „Er, der doch seines eigenen Sohnes nicht geschont, sondern ihn für uns alle hingegeben hat, wie wird er uns mit ihm nicht auch alles schenken?"

Zi: „Er hat seinen eigenen Sohn nicht geschont, sondern ihn für uns alle geopfert, wie sollte uns mit ihm nicht alles, was Gott schenken kann, gehören?"

„was Gott schenken kann", ist Zusatz. Zi klingt, wie wenn Gott nicht alles – wirklich alles – schenken könnte, und schränkt somit Gottes Allmacht ein.

*Eph 5,26*

*Elb:* „Um sie zu heiligen, indem er sie reinigte durch das Wasserbad im Wort"

Zi: „Denn Christus hat seine Gemeinde in Gottes heilige Nähe gezogen. Er hat sie rein gemacht, indem er ihr das Wort von Gott brachte, und hat als Zeichen dafür die Taufe gestiftet."

Auch hier, wie in Apg 1,5, kommt mit dem „Zeichen der Taufe", wovon nichts im Text steht, persönliche Theologie zum Zuge.

*Offb 7,14*

Elb: „... und sie haben ihre Gewänder gewaschen und sie weiß gemacht im Blut des Lammes."

Zi: „Sie haben ihre Kleider gewaschen und festlich weiß gemacht, denn sie haben ihr Leid mit dem Lamm, mit Christus, zusammen gelitten!"

Der Grundtext spricht von der reinigenden Kraft des Blutes Jesu. Zi spricht jedoch vom eigenen, menschlichen Leid und vom gemeinsam mit Christus Leiden! Auch in Offb 12,11 wird „des Lammes Blut" ausgelassen und nur die „eigene Leistung" erwähnt.

Zu den vielen Sinnveränderungen kommt noch die uneinheitliche Übertragung biblischer Begriffe. So wird „Gnade" zu „Gott ist dir freundlich" (Lk 1,30), „Freundlichkeit" (Hebr 13,9), „liebende Zuneigung" (Joh 1,17), „seine Liebe" (Röm 6,1). „Ihr seid unter Gnade" in Röm 6,14 wird zu „ihr seid Kinder Gottes, an denen er Freude hat". Dies ist nur ein Beispiel von vielen und gilt auch für „Glaube", „Gerechtigkeit", „Jünger", „Reich Gottes", „Sünde".

Abschließend noch zwei Textvergleiche und ein Beispiel für die umschreibende Art der Übertragung:

*Mt 22,14*

Elb: „Denn viele sind Berufene, wenige aber Auserwählte."

Zi: „Viele nämlich sind eingeladen, aber wenige nehmen wirklich am Fest teil."

Wi: „Denn viele sind berufen, wenige aber auserwählt."

Ei: „Denn viele sind gerufen, aber nur wenige auserwählt."

Zi behandelt auch diesen letzten Vers im Abschnitt des Gleichnisses vom Hochzeitsmahl als Teil einer Erzählung ohne tiefere Bedeutung, als einmaliges Fest. Wohl gibt Wi in der Anmerkung historisch-kritische Hinweise, stellt jedoch auch fest: „Mit dem Mann ohne Hochzeitsgewand sind die Christen gemeint, die im Endgericht als des Reiches Gottes unwürdig befunden werden." Auch Ei weist in der Anmerkung auf den Ernst des Endgerichtes hin.

*Joh 1,17*

Elb: „Denn das Gesetz wurde durch Mose gegeben; die Gnade und die Wahrheit ist durch Jesus Christus geworden."

Zi: „Denn das Gesetz hat uns Mose gegeben, die liebende Zuneigung Gottes brachte uns Jesus Christus. Den einen Gott hat er uns offenbart."

Wi: „Denn das Gesetz ist durch Mose gegeben worden; die Gnade und Wahrheit ist durch Jesus Christus auf den Plan getreten."

Ei: „Denn das Gesetz wurde durch Mose gegeben, die Gnade und die Wahrheit kamen durch Jesus Christus."

Zi kommt auch hier schlecht weg: Als einziger übersetzt er „Gnade" falsch mit „liebender Zuneigung", die das Opfer Christi nicht mehr nötig macht oder dann sehr stark abschwächt und vernebelt. Daß die Wahrheit durch Jesus Christus „geworden", „auf den Plan getreten" ist, wird bei Zi völlig unterschlagen.

*Röm 1,17*

Elb: „Denn Gottes Gerechtigkeit wird darin geoffenbart aus Glauben zu Glauben, wie geschrieben steht: Der Gerechte aber wird aus Glauben leben."

Zi: „Mit vollkommener Klarheit zeigt sie, wer Gott ist, was Gott von uns fordert, was er uns gibt und wie wir mit ihm leben sollen. Ihm vertrauen wir uns mit ganzem Herzen an, und er selbst beschenkt uns von Tag zu Tag aufs neue mit Glauben und Festigkeit. Denn das ist der Sinn unseres

> Glaubens, daß Gott uns mehr und immer festeren Glauben gibt. Schon in der heiligen Schrift steht: ‚Wer so ist, wie Gott ihn gemeint hat, wer so lebt, wie Gott es befiehlt, der hat unzerstörbares Leben.‘ Warum? Weil er hört, was Gott spricht, und annimmt, was er schenkt. Das aber ist Glaube. Daraus allein wächst das Leben.“

Erklärungen sind bei Zi mit der gleichen Schrift wie der Bibeltext selbst in den Text eingefügt und nur durch runde Klammern abgegrenzt, was sie nur sehr schwach vom Text abhebt. Da der Text selbst auch Zusätze enthält, wie aus Beispielen hervorgeht, hat dies jedoch nicht dieselbe Bedeutung wie bei einer genaueren Übersetzung.

**Zusammenfassung:** Das AT enthält nur etwa die Hälfte des kanonischen Schriftbestandes, dafür noch andere Schriften. Historisch-kritisch. Sakramentalismus. Zur Übertragung des AT und NT: Ungenau, uneinheitlich, oft falsch. Einfache Sprache. Die umschreibende Übertragung will den Inhalt umfassender wiedergeben, prägt ihn jedoch oft subjektiv.

# Die Gute Nachricht

Die „Gute Nachricht des Alten und Neuen Testaments“, in der behandelten Ausgabe ohne die Apokryphen und ohne umfassende Erklärungen, erschien 1982 als zweite, durchgesehene Auflage. Dabei handelt es sich um eine gemeinsame Bibelübersetzung im Auftrag und in der Verantwortung von evangelischen und katholischen Bibelwerken aus Deutschland, Österreich, Schweiz und der Deutschen Demokratischen Republik. Vorläufer dieser Übertragung war das NT 68.

Im Nachwort werden die Übersetzungsprinzipien angegeben. Man erwarte, daß eine Übersetzung die Aussagen ihrer Vorlage unverfälscht, genau und verständlich wiedergebe. Eine Übersetzung nach dem dynamisch-gleichwertigen Grundsatz vereine „die selbstverständliche Treue zum Original mit dem Bemühen um größtmögliche Verständlichkeit“. Das leichtverständliche und flüssig zu lesende Deutsch ist bei dieser Übersetzung erreicht worden – allerdings zu einem hohen Preis. Die „selbstverständliche Treue zum Original“ ist hier nicht selbstverständlich.

Die Ausgabe ist von der historisch-kritischen Forschung mitgeprägt. In der Zeittafel im Anhang wird „Deuterojesaja“ erwähnt. In der Anmerkung zu Mt 1,7 steht: „Diese Namen stehen jedoch im Widerspruch zu ... Vielleicht sollte durch ihre Aufnahme angedeutet werden ...“. Hier kommt die Ablehnung der Inspiration zum Ausdruck. Da keine Einleitungen zu den Büchern geboten werden und sich die Fußnoten vorwiegend auf Hinweise zum Grundtext und auf Parallelstellenangaben beschränken, kommt die bibelkritische Haltung für den Laien nicht so klar zum Ausdruck. Ausgaben mit

Erklärungen sind hingegen stark von der historisch-kritischen Forschung geprägt. Einen ökumenischen Hinweis enthält die Anmerkung zu 1. Mo 3,15: „Das hebräische Wort für ‚Nachkommen' ist der grammatischen Form nach Einzahl: ‚Same', d.h. Nachkommenschaft. In der alten Kirche hat man die Einzahl ... auf Christus oder Maria gedeutet".

Schon das 1. Buch Mose zeigt viele inhaltliche Veränderungen:

Abgeschwächt wird die Bedeutung u.a. an folgenden Stellen: 1. Mo 19,27 „wo er mit dem Herrn gesprochen hatte" (richtig: wo er vor dem Herrn gestanden hatte). Sprechen oder innerlich offen vor dem Herrn stehen ist nicht gleichbedeutend. 22,1: „Ja, ich höre" (richtig: Hier bin ich). Gemeint ist nicht nur hören, sondern hören in innerer Bereitschaft, darauf einzugehen. 37,4: „wurden sie so neidisch, daß" (richtig: haßten sie ihn). 41,52: „in der Fremde" (richtig: im Lande meines Elends).

In den folgenden Beispielen sind Zusätze zum Text kursiv gedruckt: 1. Mo 19,2: „Ihr könnt eure Füße waschen *und euch erfrischen*". 28,18: „goß Öl darüber, *um ihn zu weihen*". 6,18: „Mit dir aber schließe ich meinen Bund *und verpreche dir: Du sollst gerettet werden.*" 1,28: „Ich setze euch über die Fische, die Vögel und alle anderen Tiere *und vertraue sie eurer Fürsorge an.*" 3,4: „*Glaubt doch das nicht,* sagte die Schlange, auf keinen Fall werdet ihr sterben!" 3,13: „*Die Schlange ist schuld,* sie hat mich verführt."

Beispiele von falschen Übersetzungen:

1. Mo 8,3: „So fiel das Wasser im Lauf von hundertfünfzig Tagen." (Richtig: nach Verlauf von ...)

1. Mo 17,22: „Als Gott ausgeredet hatte, verließ er Abraham." (Richtig: ... fuhr er auf von Abraham). Ebenso in 35,13.

1. Mo 24,15: „Kaum hatte er zu Ende gebetet ..." (Richtig: Noch ehe er ausgeredet hatte ...)

1. Mo 30,13: „Alle Frauen werden mich beneiden." (Richtig: ... glücklich preisen).

1. Mo 43,29: „Gott segne dich, mein Sohn!" (Richtig: Gott sei dir gnädig, mein Sohn!)

Diese Beispiele und weitere, von denen inzwischen viele berichtigt worden sind, behandelt A. Symank in einer Rezension zum 1. Buch Mose ([46]).

Wir erwähnen nun weitere Beispiele, da auf diese Weise die beste Vergleichsmöglichkeit geboten wird:

*Hi 19,26-27*

Me: „und danach werde ich, mag jetzt auch meine Haut so ganz zerfetzt und ich meines Fleisches ledig (oder: beraubt) sein, Gott schauen, den ich schauen werde mir zum Heil ..."

Zü: „Selbst wenn die Haut an mir zerschlagen ist, mein Fleisch geschwunden, werde ich Gott schauen, ja ich, ich werde ihn schauen mir zum Heil ..." (So auch Lu)

Ei: „Ohne meine Haut, die so zerfetzte, und ohne mein Fleisch werde ich Gott schauen. Ihn selber werde ich dann für mich schauen ..."

GN: „Jetzt, wo die Haut in Fetzen an mir hängt und ich kein Fleisch mehr auf den Knochen habe, jetzt möchte ich ihn sehn mit meinen Augen, ihn selber will ich sehen ..."

Überall ist Hoffnung und Gewißheit (werde ich schauen), nur nicht bei GN (möchte ich, will ich).

*Ps 73,1*

Elb: „Fürwahr, Gott ist Israel gut, denen, die reinen Herzens sind."

GN: „Ich weiß es: Gott ist gut zu Israel, zu allen, die ihm mit ganzem Herzen gehorchen."

Ein „reines Herz" und „gehorchen" deckt sich nicht.

*Jes 1,18*

Ei: „Wären eure Sünden auch rot wie Scharlach, sie sollen weiß werden wie Schnee. Wären sie rot wie Purpur, sie sollen weiß werden wie Wolle."

Zü: „Wenn eure Sünden sind wie Scharlach, können sie dann weiß werden wie Schnee? Wenn sie rot sind wie Purpur, können sie dann werden wie Wolle?"

GN: „Eure Verbrechen sind rot wie Blut, und doch könnten sie weiß werden wie Schnee. Sie sind rot wie Purpur, und doch könnten sie weiß werden wie reine Wolle ..."

Ei bringt (wie Elb, Me, Sch, Lu) Gnade und Vergebung zum Ausdruck. Zü setzt hierzu ein Fragezeichen. GN spricht nicht von Sünden (Gott gegenüber), sondern von Verbrechen, was einengt und auf die menschliche Ebene begrenzt werden kann, und von Gehorsam (verbunden mit V.19), nicht von Gnade.

*Jes 9,5*

Ei: „Denn uns ist ein Kind geboren, ein Sohn ist uns gegeben" (wie Elb, Zü, Me, Sch, Lu)

GN: „Denn ein Kind ist geboren, der zukünftige König ist uns geschenkt!

Der starke persönliche Bezug auf „uns" wird durch die Auslassung des ersten „uns" bei GN unterdrückt, die Gewißheit gedämpft.

Das Neue Testament ergibt kein anderes Bild. Auch hier seien einige Beispiele angeführt:

*Mt 5,2*

Elb: „Und er tat seinen Mund auf, lehrte sie und sprach: …“

Ho: „und redete zu seinen Jüngern …“

GN: „Dann verkündete er ihnen, was Gott von seinem Volk erwartet.“

„lehren“ und „verkünden, was Gott erwartet“ ist nicht gleichbedeutend. Ho übersetzt mit „reden“ jedoch sehr bedeutungsarm, auch verglichen mit Elb.

*Mt 5,3*

Elb: „Glückselig die Armen im Geist, denn ihrer ist das Reich der Himmel.“

Ho: „Glücklich sind, die erkennen, wie arm sie vor Gott sind, denn Gottes Herrschaft und Herrlichkeit gehört ihnen.“

GN: „Freuen dürfen sich alle, die nur noch von Gott etwas erwarten und nichts von sich selbst; denn sie werden mit ihm in der neuen Welt leben.“

„Glücklich“ oder „glückselig“ sein ist ein Zustand. GN hingegen spricht von der Reaktion des Menschen: „freuen dürfen sich“. „Arm im Geist“, „arm vor Gott“ sein ist ebenfalls Zustand. Bei GN mit „nur von Gott etwas erwarten“ ist ebenfalls menschliches Denken und Tun, nicht innere Armut vor Gott bedeutungsvoll. Ho übersetzt mit „Gottes Herrschaft und Herrlichkeit“ genauer als GN mit „Neue Welt“, die einengt. Noch etwas: Das Reich der Himmel *ist, gehört* ihnen. Bei GN wird erwähnt, was sie *tun werden.* An diesen Beispielen wird das moderne Übersetzungsprinzip deutlich.

*Mt 5,5*

Elb: „Glückselig die Sanftmütigen, denn sie werden das Land ererben." (so auch Ko, Me, Zü, Sch, Lu)

Al: „Selig sind die stillen Dulder!"

Wi: „Selig sind die Gewaltlosen"

Ei: „Selig, die keine Gewalt anwenden"

Ho: „Glücklich sind, die auf Gewalt verzichten"

GN: „Freuen dürfen sich alle, die keine Gewalt anwenden."

Hier sind Ei, Ho und GN dem Drang zur Aktualisierung erlegen. Wi drückt noch den Charakter aus, was bei der ersten Gruppe und bei Al mit „stillen Dulder" eindrücklich ausgesagt wird.

*Mt 13,43*

Elb: „Dann werden die Gerechten leuchten wie die Sonne in dem Reich ihres Vaters."

Wi: „Aber die Gerechten werden dann hell aufstrahlen wie die Sonne im Reich ihres Vaters."

Ho: „Aber alle, die Gottes Willen tun, werden im Reich ihres Vaters leuchten wie die Sonne."

GN: „Dann werden alle, die Gott gehorcht haben, in der neuen Welt Gottes, ihres Vaters, so hell strahlen wie die Sonne."

Auch wenn die Haltung des Menschen als Voraussetzung hier mitschwingt, der Schwerpunkt beibt bei Gott, der gerecht macht. Ho und GN übersetzen mißverständlich.

*Mk 4,11*

Elb: „Euch ist das Geheimnis des Reiches Gottes gegeben"

Ho: „Ihr versteht die Geheimnisse des Reiches Gottes"

GN: „Euch läßt Gott erkennen, wie er jetzt seine Herrschaft aufrichtet."

Ho ist einfach und klar. GN übersetzt nicht „ihr erkennt", sondern nur „Gott läßt euch erkennen". Das ist Möglichkeit, nicht Tatsache. GN schränkt zudem die Aussage mit „jetzt" auf die Gegenwart ein.

<u>*Lk 4,34*</u>

Elb: „Ich kenne dich, wer du bist: der Heilige Gottes."

Ho: „Ich weiß genau, wer du bist: der Sohn Gottes!"

GN: „Ich kenne dich; du bist der, den Gott gesandt hat!"

GN unterschlägt, daß der, „den Gott gesandt hat", der Heilige, der Sohn Gottes ist.

<u>*Apg 4,27*</u>

Elb: „gegen deinen heiligen Knecht Jesus, den du gesalbt hast"

Ho: „gegen Jesus, deinen heiligen Sohn, den du erwählt hast"

GN: „gegen Jesus, deinen Bevollmächtigten, den du erwählt hast."

Auch hier spricht GN nicht vom „heiligen Knecht". Ho übersetzt mit „heiligen Sohn" nicht genau. Ho und GN sprechen von „erwählt". Grundtextgemäß ist jedoch „gesalbt". Erwählung und Geistessalbung (als Ausrüstung) sind nicht gleichbedeutend.

<u>*Lk 18,17*</u>

Elb: „Wahrlich, ich sage euch: Wer das Reich Gottes nicht aufnehmen wird wie ein Kind, wird nicht hineinkommen."

Ho: „Habt ihr es denn noch immer nicht begriffen: Wer nicht wie ein kleines Kind voller Vertrauen zu Gott kommt, dem bleibt das Reich Gottes verschlossen."

GN: „Täuscht euch nicht: Wer sich der Liebe Gottes nicht wie ein Kind öffnet, wird sie niemals erfahren."

„Das Reich Gottes aufnehmen", „voller Vertrauen zu Gott kommen", ihn bewußt bejahen, das ist ein Glaubensakt. GN vernebelt die Bedeutung der Glaubenshandlung. Hier geht es um den Zugang zum Reich Gottes, nicht einfach um die Liebe Gottes.

*Joh 20,22-23*

Elb: „Empfangt Heiligen Geist! Wenn ihr jemandem Sünden vergebt, dem sind sie vergeben, wenn ihr sie jemandem behaltet, sind sie (ihm) behalten."

Ho: „Empfangt den Heiligen Geist! Wem ihr die Sünde erlaßt, dem ist sie erlassen. Und wem ihr die Schuld nicht vergebt, der bleibt schuldig."

GN: „Empfangt Gottes heiligen Geist! Wem ihr die Schuld erlaßt, dem ist sie von Gott vergeben. Wem ihr sie nicht erlaßt, dem ist sie auch von Gott nicht vergeben."

„Heiligen Geist" hat hier keinen Artikel. Ho übersetzt ungenau („den"), ebenso GN (*Gottes* Heiligen Geist). In V. 22 spricht der Grundtext von „Sünden"; V. 23 bezieht sich darauf. Ho übersetzt ungenau mit „Schuld", ebenso GN. GN übersetzt hier jedoch genauer als Ho, indem sie in V. 23 den selben Ausdruck wie in V. 22 verwendet, nicht verschiedene wie Ho (Sünde, Schuld). Die beiden sind nicht gleichbedeutend: Schuld ist *Folge* der Sünde.

*Röm 4,9* (vgl. ganzes Kapitel 4)

Elb: „(Bezieht sich) diese Seligpreisung nun auf die Beschneidung oder auch auf das Unbeschnittensein? Denn wir sagen, daß der Glaube dem Abraham zur Gerechtigkeit gerechnet worden ist."

Ho: „Für uns ergibt sich hier die Frage: Gelten Davids Worte nur für die Juden oder auch für alle anderen? Wie gesagt, es heißt in der Heiligen Schrift: ‚Abraham setzte sein ganzes Vertrauen auf Gott, und so fand er Gottes Anerkennung.“

GN: „Gilt das nur für die Beschnittenen oder auch für die Unbeschnittenen? Ich habe schon gesagt: Weil Abraham sich auf die Zusage Gottes verließ, fand er Gottes Anerkennung.“

GN übersetzt mit „Beschnittenen“ und „Unbeschnittenen“ genauer als Ho, die diese Übersetzung in die Fußnote verweist ohne Erklärung. GN ist mit „sich auf die Zusage Gottes verlassen“ noch schwächer als Ho.

*Röm 8,1-2*

Elb: „Also (gibt es) jetzt keine Verdammnis für die, welche in Christus Jesus sind. Denn das Gesetz des Geistes des Lebens in Christus Jesus hat dich frei gemacht von dem Gesetz der Sünde und des Todes.“

Ho: „Wer nun zu Jesus Christus gehört, wird der Verurteilung durch Gott entgehen; er wird leben. Denn für ihn gilt nicht länger das Gesetz der Sünde und des Todes. Es ist durch ein neues Gesetz aufgehoben, nämlich durch das Gesetz des Geistes Gottes, der durch Jesus Christus das Leben bringt.“

GN: „Darum: Wer mit Jesus Christus verbunden ist, braucht das Strafgericht Gottes nicht mehr zu fürchten. Denn das Gesetz, das durch den Geist und in der Verbindung mit Jesus Christus zum Leben führt, hat euch befreit vom Gesetz, das durch die Sünde in den Tod führt.“

„welche in Christus Jesus sind"

Die Wendung bei GN ist noch klarer als bei Ho (man „gehört" auch zu diesem oder jenem Verein!). Auch GN trifft jedoch bei weitem nicht den Aussagegehalt des Grundtextes (in Christus Jesus sein).

„das Gesetz des Geistes des Lebens"

Ho: „Das Gesetz des Geistes Gottes, der ... das Leben bringt."

GN: „Das Gesetz, das ... zum Leben führt"

Bei Ho und GN wird mit „Leben" nicht das Wesen des neuen Gesetzes ausgesagt. (Ei übersetzt hier mit „Gesetz des Geistes *und* des Lebens" auch nicht genau, indem durch „und" das Leben auf das Gesetz und nicht mehr auf den Geist bezogen wird.)

„hat dich frei gemacht von"

Ho sagt aus: Für ihn gilt das alte Gesetz nicht mehr. Es ist aufgehoben durch das neue.

GN sagt aus: Das neue Gesetz hat euch befreit vom alten.

GN ist hier genauer als Ho. Wenn das alte Gesetz aufgehoben ist und deshalb nicht mehr für mich gilt (Ho), so ist diese Feststellung viel schwächer als die Aussage, daß ich vom alten „frei gemacht", „befreit" bin.

*Röm 8,31*

Elb: „Was sollen wir nun hierzu sagen? Wenn Gott für uns ist, wer gegen uns?"

Ho: „Kann man wirklich noch mehr erwarten? Wenn Gott für uns ist, wer kann dann gegen uns sein?"

GN: „Was sollen wir noch weiter sagen? Gott ist auf unserer Seite, wer kann uns dann noch etwas anhaben?

Gott ist nicht, wie GN aussagt, ganz selbstverständlich auf unserer Seite. Das hängt auch von uns ab. Der Vorbehalt mit „wenn" bei Elb und Ho ist grundtextgemäß.

<u>2. *Kor 5,7*</u>

Elb: „denn wir wandeln durch Glauben, nicht durch Schauen"

Ho: „Jetzt glauben wir an ihn, auch wenn wir ihn noch nicht sehen können."

GN: „Wir leben ja noch in der Zeit des Glaubens, noch nicht in der des Schauens."

Die persönliche Glaubenszuversicht wird bei GN zu einer unpersönlichen Feststellung über die Zeit, in der wir leben.

<u>*Tit 1,1*</u>

„Paulus, Knecht Gottes" wird bei Elb in der Fußnote mit der wörtlichen Übersetzung „Sklave" angegeben. Ho und GN übersetzen einfach „Diener". Wie wenig entspricht nach heutigem Verständnis die Haltung eines „Dieners" derjenigen eines „Sklaven"! „Knecht" bringt die Abhängigkeit und Unterordnung noch andeutungsweise zum Ausdruck.

<u>*Tit 1,6*</u>

Elb: „wenn jemand ... gläubige Kinder hat"

Ho: „Ihre Kinder sollen an Jesus Christus glauben"

GN: „Auch seine Kinder sollen sich zur Gemeinde halten"

GN übersetzt falsch. „Sich zur Gemeinde halten" bedeutet noch lange nicht „gläubig sein", „an Jesus Christus glauben".

Wenn „das Evangelium" von GN an sehr vielen Stellen mit „Gute Nachricht" übersetzt wird, dann weist dies vielleicht auch darauf hin, wie sehr GN Mitteilung,

Nachricht bezweckt. Das herrliche Evangelium von Jesus Christus, Gottes Sohn, ist mehr als Nachricht im Computerzeitalter. Ho kommt der geistlichen Tiefe mit „Botschaft“, „Heilsbotschaft“ schon näher. Der Titel „Hoffnung für alle“ ist ebenfalls aussagekräftiger als die blasse „Gute Nachricht“.

Als ökumenische Übertragung ist GN auch vom Sakramentalismus geprägt:

1. Kor 12,13: „... sind in der Taufe durch denselben Geist in den einen Leib eingegliedert worden“. Gal 3,27: „Als ihr in der Taufe Christus übereignet wurdet, habt ihr Christus angezogen wie ein Gewand.“ („In der Taufe“ steht nicht im Grundtext) Tit 3,5: „Er hat uns gerettet und zu neuem Leben geboren durch das Wasser der Taufe und den heiligen Geist.“ (Grundtext: „Bad der Wiedergeburt“, nicht „Wasser der Taufe“) Jak 2,7: „verächtlich reden über den Namen, der bei der Taufe über euch ausgerufen wurde.“ („bei der Taufe“ steht nicht im Grundtext) Die „Tauf-Wiedergeburt“ wird auch im Sachregister vertreten.

Zu „Sohn Gottes“ werden im Sachregister verschiedene Auffassungen erwähnt. Nach frühen urchristlichen Bekenntnissen sei Jesus zum ‚Sohn Gottes‘ im Sinn von Ps 2,7 mit seiner Auferstehung geworden, während er für Johannes schon von Ewigkeit her der ‚Sohn‘ sei – in einem Sinne, der weit über jüdisches Denken hinausführe. Wenn hier „frühe urchristliche Bekenntnisse“ dem Zeugnis des Johannes gegenübergestellt werden, dann kommt weder einheitliche Theologie noch bibeltreue Haltung noch Hilfe für den aufrichtig suchenden Bibelleser zum Ausdruck.

Die „Gute Nachricht“ wird auch bei der nachfolgenden Behandlung von „Hoffnung für alle“ oft als Vergleich herangezogen. Beide Besprechungen sollten deshalb zusammen gelesen werden.

**Zusammenfassung:** Moderne Übertragung in einfacher Sprache. Historisch-kritisch. Ökumenisch. Oft ungenau. Verflachungen und Sinnveränderungen.

# Hoffnung für alle

Im Vorwort zur Erstausgabe 1983 dieses NT wird Ho als text- und sinngetreue Übersetzung nach dem Vorbild des „Living New Testament“ vorgestellt. Ho will den „Gegensatz zwischen Textgenauigkeit und Verständlichkeit überbrücken. Oft erschließt sich der Sinn eines Textes erst durch Um- und Neuformulierungen.“ Ho wurde erarbeitet von evangelischen Theologen, Germanisten und Redakteuren, „die sich alle einer bibeltreuen Theologie verpflichtet wissen.“

Weiter wird erwähnt, Ho sei vom griechischen Grundtext aus neu übersetzt worden, „wobei neben einer in allen Teilen sinngetreuen Wiedergabe der biblischen Texte das Bemühen um eine einfache, lebendige Sprache im Vordergrund stand ... *Hoffnung für alle* will dem Bibelleser die neutestamentlichen Texte noch besser verständlich machen und ihren Inhalt erhellen und verdeutlichen. Dann aber möchte diese Übersetzung Hoffnung für alle Menschen bringen, auch denen, die der Bibel bisher noch verständnislos gegenüberstehen.“

Es ist eine Freude, in diesem NT fortlaufend zu lesen: Einfache, flüssig geschriebene Sprache, ohne daß man oft anstößt.

Im Gegensatz zu GN enthält Ho keine Sacherklärungen. In den Fußnoten hat Ho einzelne Parallelstellen, vor allem aber wörtliche Wiedergaben des Grundtextes: „Textstellen, die um der Verständlichkeit willen eine weitergehende Umschreibung notwendig machen oder deren theologische Aussage mehrdeutig ist, werden jedoch als Fußnote wörtlich übersetzt.“

Zweckmäßigerweise wird hier auch auf die Besprechung von GN hingewiesen, da Ho dort oft angeführt ist.

Einige wenige Beispiele illustrieren die oft treffende Sprache dieser Übertragung:

*Mt 1,20*
Elb: „Während er dies aber bei sich überlegte“
Ho: „Er grübelte noch darüber nach, wie er sein Problem lösen sollte“

*Joh 6,7*
Elb: „Für zweihundert Denare Brote reichen nicht für sie“
Ho: „Wir müßten ein Vermögen ausgeben“

*Joh 16,8*
Elb: „Und wenn er gekommen ist, wird er die Welt überführen von Sünde und von Gerechtigkeit und von Gericht.“
Ho: „Und ist er erst gekommen, wird er den Menschen die Augen für ihre Sünde öffnen, aber auch für Gottes Gerechtigkeit und sein Gericht.“

*Apg 20,7*
Elb: „Am ersten Tag der Woche aber, als wir versammelt waren, um Brot zu brechen“
Ho: „Am Sonntag kamen wir zusammen, um das Abendmahl zu feiern.“

*Röm 6,23*
Elb: „Denn der Lohn der Sünde ist der Tod, die Gnadengabe Gottes aber ewiges Leben in Christus Jesus.“
Ho: „Denn die Sünde wird mit dem Tod bezahlt. Gott aber schenkt uns in der Gemeinschaft mit Jesus Christus … das ewige Leben, das schon jetzt beginnt und niemals aufhören wird.“

*1. Kor 1,18*

Elb: „Denn das Wort vom Kreuz ist denen, die verlorengehen, Torheit; uns aber, die wir errettet werden, ist es Gottes Kraft."

Ho: „Daß Jesus Christus am Kreuz für uns starb, muß freilich all denen, die verlorengehen, unsinnig erscheinen. Wir aber, die gerettet werden, erfahren gerade durch diese Botschaft vom Kreuz die ganze Macht Gottes."

Bei den nachfolgenden Stellen zeigt sich, daß Ho sprachlich ausdrucksstärker, GN jedoch mehrheitlich genauer ist. Die Sprache von Ho ist oft beinahe zu auffällig:

*Mt 12,34*

Elb: „Otternbrut! Wie könnt ihr Gutes reden, da ihr böse seid? Denn aus der Fülle des Herzens redet der Mund."

GN: „Ihr Schlangenbrut! Wie solltet ihr ... Denn der Mund spricht nur aus, was das Herz erfüllt."

Ho: „Ihr Teufelspack! Wie könnt ihr durch und durch verlogenen Leute überhaupt etwas Gutes reden? Wie es im Herzen eines Menschen aussieht, das erkennt man an seinen Worten."

*Mt 16,22*

Elb: „Und Petrus nahm ihn beiseite und fing an, ihn zu tadeln, indem er sagte: Gott behüte dich, Herr! Dies wird dir nicht widerfahren."

GN: „Da nahm Petrus ihn beiseite und machte ihm Vorhaltungen: Herr, das darf nicht sein, nie darf dir so etwas zustoßen!"

Ho: „Erschrocken nahm Petrus ihn zur Seite und bestürmte ihn: Um Himmels willen! So etwas darf dir nicht zustoßen!"

*Mk 10,48-50*

Elb: „Und viele bedrohten ihn, daß er schweigen sollte ... Sei guten Mutes ... Er aber warf sein Gewand ab, sprang auf und kam zu Jesus."

GN: „Die Leute wollten ihn zum Schweigen bringen ... Freu dich ... Da sprang der Blinde auf, warf seinen Mantel ab und kam zu Jesus."

Ho: „Halt den Mund! riefen ärgerlich die Leute ... Du hast es geschafft ... Vor Aufregung ließ Bartimäus seinen Mantel liegen, sprang auf und kam zu Jesus."

*Apg 3,10-11*

Elb: „Und sie wurden mit Verwunderung und Erstaunen erfüllt über das, was sich mit ihm ereignet hatte ... lief das ganze Volk voll Erstaunen zu ihnen zusammen in der Säulenhalle ..."

GN: „waren sie betroffen und ganz außer sich über das, was mit ihm geschehen war ... und folgten ihnen voll Staunen in die Salomonhalle."

Ho: „Fassungslos starrten sie den Geheilten an. Wieso konnte er jetzt laufen? Alle drängten aufgeregt in die Halle Salomos."

*1. Thes 5,22*

Elb: „Von aller Art des Bösen haltet euch fern!"

GN: „Von jeder Art des Bösen haltet euch fern!"

Ho: „Das Böse aber – ganz gleich in welcher Form – meidet wie die Pest."

*Offb 17,2*

Elb: „mit der die Könige der Erde Unzucht getrieben haben; und die Bewohner der Erde sind trunken geworden von dem Wein ihrer Unzucht."

GN: „Die Könige der Erde haben sich mit ihr eingelassen. Alle Menschen sind betrunken geworden, weil sie sich am Wein ihrer Unzucht berauscht haben."

Ho: „Die Mächtigen dieser Welt sind hinterhergelaufen und haben sich mit ihr eingelassen. Alle Menschen waren berauscht und begeistert von ihren lockenden Angeboten."

Muß man in den Formulierungen so weit gehen, um aktuell und auch für Fernstehende klar verständlich zu sein? Auch die „Living Bible", die als Modell gedient hat für Ho, formuliert einfacher.

Der Text bei Ho enthält auch Ausdrücke in Klammern. Davon gehören viele zum Bibeltext selbst (z.B. in Joh 4,9; 9,7; 11,2; 20,16; 21,7), andere hingegen sind Zusätze zum Bibeltext (z.B. zu Röm 9,30 und 16,1). Oft sind Zusätze ohne Klammern im Bibeltext selbst enthalten, z.B. in Mt 2,9: „Und das Unglaubliche geschah"; Mt 10,14: „als Zeichen dafür, daß Gott diese Stadt strafen wird"; Mt 12,37: „an euren Worten entscheidet sich eure Zukunft"; Mt 27,34: „der ihn betäuben sollte"; Lk 11,7: „Außerdem könnten die Kinder von dem Lärm wach werden"; Lk 13,13: „segnend" (legte er seine Hände auf sie); 2. Tim 1,6: (Du hast sie bekommen, als ich dir) „segnend" (die Hände auflegte).

Bei den Fußnoten handelt es sich oft um wörtliche oder genauere Übersetzung, die gut verständlich ist und deshalb in den Text selbst gehört, z.B. in folgenden Fällen (Te = Text, FN = Fußnote):

*Mt 6,13*

Te: „Bewahre uns davor, daß wir dir untreu werden"
FN: „Und führe uns nicht in eine Versuchung".

*Mt 12,32*
Te: „niemals und nirgendwo"
FN: „weder in dieser Zeit noch in der Ewigkeit"

*Joh 3,36*
Te: „sondern Gottes Zorn wird ihn treffen"
FN: „sondern der Zorn Gottes bleibt auf ihm"

*Joh 20,17*
Te: „Halte mich nicht länger fest!"
FN: „Rühre mich nicht an!"

Das gilt auch für die folgenden Beispiele, bei denen Aussageunterschiede kursiv gedruckt sind:

*Lk 4,4*
Te: „wer Gottes Wort *aufnimmt und befolgt*"
FN: „sondern von jedem Wort, das durch den Mund Gottes *ausgeht*"

*Joh 11,27*
Te: „der Sohn Gottes, *auf den wir* so lange *gewartet haben*"
FN: „der Sohn Gottes, *der* in die Welt *kommt*"

*Joh 15,3*
Te: „Ihr gehört schon zu diesen guten Reben, *weil ihr* mein Wort *angenommen habt*"
FN: „Ihr seid schon rein durch das Wort, *das ich* zu euch *geredet habe*"

*Röm 11,8*
Te: „*Sie sind* wie betäubt"
FN: „*Eingegeben hat ihnen Gott* einen Geist der Betäubung."

In vielen Fällen ergibt sich keine andere Bedeutung. Oft besteht jedoch ein wesentlicher Unterschied: Entweder steht der Geber im Mittelpunkt oder der Empfänger. Es ist auch nicht dasselbe, ob *Gott* jemanden betäubt, oder ob sonst jemand oder etwas dafür verantwortlich ist (Röm 11,8). Das sollte auch bei modernen Übersetzungsmethoden beachtet werden. GN führt Lk 4,4b nicht auf, übersetzt jedoch die letzten drei Stellen grundtextgemäß.

Ungenauigkeiten und Bedeutungsunterschiede zeigen sich auch bei den folgenden Textstellen. Beispiele sprechen für sich selbst. Auch hier wird für Vergleichszwecke oft GN angeführt:

*Mt 12,18*

Elb: „Er wird den Nationen Gericht ankündigen"

GN: „Er wird ... meine neue Rechtsordnung verkünden"

Ho: „Er wird die Völker vor die Entscheidung stellen"

Gerichtsankündigung und Evangelisation decken sich nicht, ebensowenig wie Gericht und Rechtsordnung.

*Mt 13,52*

Elb: „der aus seinem Schatz Neues und Altes hervorbringt"

Ho: „der Altes und Neues aus seiner Erfahrung berichtet"

„Erfahrung" ist nur ein Teilaspekt, engt also ein.

*Mt 16,18*

Elb: „und des Hades Pforten werden sie nicht überwältigen"

GN: „Kein Feind wird sie vernichten können"

Ho: „keine Macht der Welt wird sie vernichten können"

Die geistlichen Mächte, die dahinterstehen, kommen nicht mehr zum Ausdruck – auch dann nicht, wenn die wörtliche Übersetzung in der Fußnote steht wie bei Ho.

*Mt 18,32*

Elb: „Böser Knecht!" (GN ebenso)

Ho: „Was bist du für ein hartherziger Mensch!"

Abschwächung bei Ho, denn ein hartherziger Mensch ist nicht unbedingt böse. Weshalb nicht die klare Aussage „böse"?

*Mt 25,26*

Elb: „Böser und fauler Knecht!"

GN: „Du bist ein Faulpelz und Taugenichts!"

Ho: „Was bist du doch für ein Dummkopf!"

Ho bringt eine völlig andcre Aussage, GN teilweise.

*Mk 8,34*

Elb: „Wenn jemand mir nachkommen will, verleugne er sich selbst"

GN: „Wer mit mir gehen will, der muß sich und seine Wünsche aufgeben"

Ho: „Wer mir nachfolgen will, der darf nicht mehr an sich selbst denken"

Abschwächung: „denken" läßt die Konsequenz ganzer Jesusnachfolge kaum erahnen.

*Mk 8,35*

Elb: „Wer aber sein Leben verliert um meinetwillen und um des Evangeliums willen"

GN: „Aber wer sein Leben für mich und für die Gute Nachricht verliert"

Ho: „Wer aber sein Leben für mich einsetzt"

Hier verändert Ho in zweifacher Hinsicht und schwächt ab.

*Mk 9,45*

Elb: „als mit zwei Füßen in die Hölle geworfen zu werden“

GN: wie Elb

Ho: „als mit gesunden Füßen geradewegs in die Hölle zu marschieren.“

Von „marschieren“ ist keine Rede mehr für den, der in die Hölle „geworfen wird“ aufgrund seiner persönlichen Haltung!

*Lk 9,34*

Elb: „Sie fürchteten sich aber, als sie in die Wolke hineinkamen“

GN: „Die Wolke hüllte sie ganz ein, und die Jünger bekamen Angst.“

Ho: „Die Wolke hüllte sie ein, und sie fürchteten sich; denn sie hörten eine Stimme …“

Das „denn“ bei Ho verändert den Sinn: nun fürchten sie sich wegen der Stimme und nicht mehr deshalb, weil sie von der Wolke eingehüllt sind.

*Lk 11,48*

Elg: „und stimmt den Werken eurer Väter bei“

GN: „ihr gebt damit zu, daß ihr mit den Taten eurer Vorfahren einverstanden seid“

Ho: „ihr vollendet ihr Werk“

Hier geht Ho weiter: Vollenden ist mehr als Einverständnis.

*Joh 3,27*

Elb: „Johannes antwortete und sprach: Ein Mensch kann nichts empfangen, es sei ihm denn aus dem Himmel gegeben.“

GN: „Johannes antwortete: Niemand kann etwas tun, wozu Gott ihn nicht ermächtigt hat.“

Ho: „Beide haben wir unseren Auftrag von Gott, erwiderte ihnen Johannes. Ohne ihn kann niemand etwas ausrichten."

GN ändert von „empfangen" auf „tun". Aus einer grundsätzlichen Feststellung wird bei Ho mit „beide haben wir" eine ungenaue Wiedergabe und Interpretation. So weit entfernt sich auch die „Living Bible" nicht vom Text.

*Phil 4,11*

Elb: „Ich habe gelernt, mich darin zu begnügen, worin ich bin"

Ho: „habe ich gelernt, in allen Lebenslagen zurechtzukommen"

„sich zu begnügen" (dabei zufrieden zu sein) bedeutet nicht das gleiche wie „zurechtkommen".

*Kol 2,9*

Elb: „Denn in ihm wohnt die ganze Fülle der Gottheit leibhaftig"

GN: „In ihm wohnt Gott mit der ganzen Fülle seines Wesens"

Ho: „denn in ihm lebt er ganz und gar"

„Ganz und gar" drückt „die Fülle von Gottes Wesen" sehr flach aus und wird niemanden motivieren, über die Fülle Gottes in Christus nachzudenken.

*Tit 1,9*

Elb: „der an dem der Lehre gemäßen zuverlässigen Wort festhält"

GN: „Die zuverlässig überlieferte Botschaft muß er so bewahren, wie sie ihm übergeben wurde"

Ho: „Außerdem muß er sich an das Wort Gottes halten, ohne es zu verändern oder zu verfälschen"

GN stellt nicht fest, was man bewahren, woran man festhalten muß – Ho erwähnt, was man nicht tun darf.

Das ist eine andere Aussage: negativ statt positiv. Ho geht viel weiter in der konsequenten Anwendung des dynamisch-gleichwertigen Prinzips als GN – zu weit!

Abschließend noch zwei lehrmäßig falsche Aussagen, die sich eingeschlichen haben:

*Apg 13,48*

Elb: „und es glaubten, so viele zum ewigen Leben verordnet waren"

GN: „Alle, die für das ewige Leben bestimmt waren, kamen zum Glauben"

Ho: „Und alle, die zum ewigen Leben bestimmt waren, begannen zu glauben"

Ho übersieht hier, daß ein Glaubens*akt* gemeint ist, nicht ein Glaubens*prozeß*. GN übersetzt zuverlässiger.

*Mt 6,33*

Elb: „Trachtet aber zuerst nach dem Reiche Gottes und nach seiner Gerechtigkeit"

„Ho: „Gebt nur Gott und seiner Sache den ersten Platz in eurem Leben"

Auch wenn hier bei Ho die zuverlässige wörtliche Übersetzung in der Fußnote angeführt wird, so rechtfertigt dies in keiner Weise die verallgemeinernde Übertragung im Text selbst.

Zur Sprache selbst zitieren wir nun aus Ho Apg 2,42-47. Obwohl hier „das Verharren in der Lehre ..." und „das einmütige Verharren im Tempel" nicht zum Ausdruck kommen, so ist dies doch ein gutes Beispiel für die lebensnahe und flüssig geschriebene Sprache:

„Die ersten Christen ließen sich regelmäßig von den Aposteln unterrichten und lebten in brüderlicher Gemeinschaft, feierten das Abendmahl und beteten miteinander. Eine tiefe Ehrfurcht vor Gott erfüllte sie alle.

Er wirkte durch die Apostel viele Wunder und bestätigte auf diese Weise ihre Worte. Die Gläubigen lebten wie in einer großen Familie. Was sie besaßen, gehörte ihnen gemeinsam. Wer ein Grundstück oder anderen Besitz hatte, verkaufte ihn und half mit dem Geld denen, die in Not waren. Täglich kamen sie im Tempel zusammen und feierten in den Häusern das Abendmahl. In großer Freude und mit aufrichtigem Herzen trafen sie sich zu gemeinsamen Mahlzeiten. Sie lobten Gott und waren im ganzen Volk geachtet und anerkannt. Die Gemeinde wurde mit jedem Tag größer, weil Gott viele Menschen rettete."

Man hat den Eindruck, daß Ho das dynamisch-gleichwertige Übersetzungsprinzip manchmal zu konsequent anwendet. Bei modernen Übertragungen stellt man allgemein fest, daß besonders die ersten Ausgaben stark verbessert werden müssen. Das ist auch bei Ho der Fall. Sehr positiv ist zu werten, daß den Herausgebern Vorschläge im Blick auf die Textgenauigkeit und verständliche Formulierung willkommen sind.

Da Ho nach dem Vorwort „die neutestamentlichen Texte noch besser verständlich machen und ihren Inhalt erhellen und verdeutlichen" will, sind Textungenauigkeiten und Bedeutungsverschiebungen eher möglich, denn man will ja nicht primär den Text genau wiedergeben. Selbst bei Berücksichtigung verschiedener Korrekturvorschläge ändert sich der grundsätzliche Charakter der Übertragung nicht. Das hat jedoch Auswirkungen auf die Verwendung dieser Ausgabe. Damit werden wir uns im 3. Teil befassen.

Verlag: Brunnen-Verlag Basel und Gießen.

**Zusammenfassung:** Sehr zeitgemäße, einfache und lebendige Sprache. Theologisch bibeltreu. Oft ungenau, mit Sinnveränderungen.

# 3. Teil

# Auswertung

# (11) Standortbestimmung

Wieviel Arbeit, Hingabe, Gebet, wieviel Wissen und Forschen liegt in den vielen deutschsprachigen Bibelübersetzungen! Das dürfen wir dankbar anerkennen. Wir können alle Übersetzungen ungehindert und offen benutzen. Dafür sollten wir Gott von ganzem Herzen danken – besonders, wenn wir vergleichen mit Ländern, wo Bibeln und Bibelteile nicht oder nur unter großen Opfern und Gefahren erhältlich sind.

Vielfalt herrscht nicht nur bezüglich der Anzahl verschiedener Übersetzungen. Selbst von einzelnen Übersetzungen sind die verschiedensten Ausgaben erhältlich: Bibelausgaben, die nur den Bibeltext enthalten; Ausgaben mit Einleitungen zur Bibel und zu den einzelnen Büchern, mit Anmerkungen im Text und mit Fußnoten, mit Titeln und Untertiteln, mit kursiv gedruckten Stellen und Fotos, mit Vor- und Nachwort, mit Sacherklärungen, Karten und Zeittafeln, mit und ohne Apokryphen. Fußnoten und Erklärungen sind zudem verschieden geprägt: Textbezogen, bibeltreu, historisch-kritisch, theologisch, erbaulich, bewegungsorientiert, ökumenisch usw.

Dann finden wir die ganze Spannbreite von möglichst konkordanter Übereinstimmung und formaler Genauigkeit bis zur Übertragung und Umschreibung, die kaum mehr den Inhalt und schon gar nicht die Form des Grundtextes erkennen läßt. Die vielen Diskussionen um Übersetzungsgrundsätze und Bewahrung des Inhalts bei gleichzeitig bestmöglicher Verständlichkeit der Sprache, die auch in den Einleitungen ihren Niederschlag finden, seien nur angedeutet. Bei modernen

Übersetzungen ist das Ziel meistens ähnlich – und doch sind die Resultate sehr verschieden.

Wird bei Übersetzungen wie Ei, Wi, Lu 75, Al, Mü, Br noch auf ein gut verständliches Durchschnittsdeutsch Wert gelegt (vgl. [47]), so bieten GN, Ho u.a. eine einfache, anspruchslose Sprache, die eine Einengung oder Verschiebung der Bedeutung zumindest fördert und auch nur auf einen Teil der Bevölkerung zugeschnitten ist.

Grundtextnahe Übersetzungen werden im Lichte neuer Handschriftenfunde und sprachwissenschaftlicher Erkenntnise revidiert. Zeitgemäße Übertragungen werden noch einfacher und verständlicher. Und überall spielen geistige Strömungen und ihre Grundlagen mit hinein, die in unserer endzeitlichen Gegenwart ganz besonders zu prüfen sind.

Ist diese vielfältige und uneinheitliche Gesamtsituation schon für den Fachmann, den Pfarrer und Prediger schwierig, wieviel problematischer wird eine Bibelwahl oder -empfehlung für den Laien! Er ist schlechthin überfordert.

Die Situation wird noch verworrener, wenn man auch in bibeltreuen Gemeinden feststellen muß, wie wenig die Gefahren erkannt werden. Da wird aus zeitgemäßen Übertragungen eine treffende Wendung „aus der ... -Bibel" angeführt und gerühmt, ohne daß gleichzeitig auf die gesamthaft gesehen viel größeren Gefahren dieser Übertragung aufmerksam gemacht wird. Was ist naheliegender, als daß die Zuhörer aufgrund der indirekten Empfehlung diese Bibel bei nächster Gelegenheit kaufen in der Überzeugung, die *ganze* Bibelausgabe sei zuverlässig und empfehlenswert? Später erkennt man dann kaum, wie sich im Laufe der Zeit Abschwächungen, Bedeutungsverschiebungen, Sinnveränderungen sowie historisch-kritisches und unbiblisches theologisches Gedankengut einprägen und die eigene Haltung beeinflussen.

D. Stickelberger geht im Zusammenhang mit der beabsichtigten Revision der Zürcher Bibel auf Gegensätze zwischen genauer inhaltlicher und verständlicher sprachlicher Wiedergabe ein ([48]) und hält fest, zuviel Genauigkeit führe zu sprachlichem Ungenügen, aber die willkürliche Anpassung an modische Strömungen bringe Verunsicherung. Die Zürcher Bibel habe in ihrer jetzigen Form zwar die Tendenz zur konkretisierenden Exaktheit, vermeide aber die Gefahr zeitgebundener Interpretation. Die Schwierigkeiten, die jeder Übersetzung anhaften, seien „dort die Gefahr pedantischer Festlegung, hier die Versuchung vordergründigen Einschleifens auf ein gerade passendes Modell".

Da jede Übersetzung lediglich annähernd genau sein kann und Schwächen aufweist, warnt D. Stickelberger mit gutem Grund vor einer unbedachten Revision der Zürcher Bibel: „Werden die neu zu erwartenden Schwächen für die heutigen Menschen wirklich erträglicher sein als die bisherigen? ... Wird aber bei der heutigen Übersetzungsinflation die Zürcher Bibel wirklich die bestehende Verunsicherung beheben, so daß man wieder genau wissen wird, was geschrieben steht? ... Es geht ja darum, ein Werk zu schaffen, das nicht einfach den bisherigen Übersetzungen eine weitere hinzufügt. Vielleicht ist die Zeit noch nicht reif für ein solches Unterfangen. Jedenfalls wäre Prestigebedürfnis kein geeigneter Grund."

Wir warten nicht auf „bessere" Übersetzungen der Zukunft. Wir wollen aber auch nicht aus einer verständlichen bestehenden Unsicherheit heraus einfach ohne weitere Prüfung am Bisherigen festhalten. Gottes Wort ist uns so lieb und entscheidend wichtig, daß sich das Überdenken dieser Fragen lohnt.

Grundsätzliches ist im 1. Teil dieses Buches erwähnt worden. Ehe wir jedoch zu den einzelnen behandelten Übersetzungen Stellung nehmen, müssen wir uns nochmals der Textüberlieferung zuwenden.

# (12) Was ist hier geschehen?

In einer Erwachsenen-Bibelklasse am Sonntagvormittag vor dem Gottesdienst herrscht gute Beteiligung: Fragen – Antworten – Beispiele – Erklärungen. Eine Teilnehmerin erkundigt sich im Textzusammenhang nach der Bedeutung von Mt 21,44: „Und wer auf diesen Stein fällt, der wird zerschellen; auf wen aber er fällt, den wird er zermalmen." Der Gemeindeleiter schaut in seine Bibel, zögert einen Moment, schaut nochmals hin – der Vers steht nicht da! Auch die übrigen Teilnehmer blättern in ihren Bibeln und vergleichen. Der Leiter antwortet dann sehr rasch mit dem Hinweis auf verschiedene Handschriften und beginnt mit der Beantwortung der gestellten Frage.

Was ist hier geschehen? Die Fragestellerin benützt die Luther-Bibel. Hier steht dieser Vers im Text – allerdings in eckigen Klammern, was sie wahrscheinlich übersehen hat. Vielleicht war ihr auch die Bedeutung der Klammer nicht klar oder sie hat einfach nicht darauf hingewiesen. Der Leiter hingegen liest aus der Schlachter-Bibel, und hier ist dieser Satz weder im Text selbst noch in den Anmerkungen enthalten.

Aufgrund dieses Beispiels und einiger weiterer gehen wir nun etwas näher auf das Thema dieses Kapitels ein. Bei den folgenden Beispielen sind entweder ganze Verse oder auch nur einzelne Wendungen in den Übersetzungen enthalten oder nicht enthalten. Die herausgegriffenen Beispiele genügen in diesem Zusammenhang:

| | Elb | Ko | Me | Zü | Sch | Lu 56 | Lu 75 | Al | Wi | Ei | GN | Ho |
|---|---|---|---|---|---|---|---|---|---|---|---|---|
| Mt 6,13b | – | – | ○ | ○ | # | # | # | ○ | ○ | ○ | ○ | + |
| Mt 18,11 | + | ○ | # | ○ | + | # | ○ | ○ | ○ | ○ | ○ | + |
| Mt 21,44 | + | + | # | ○ | – | # | # | ○ | ○ | # | + | + |
| Mt 23,14 | ○ | ○ | # | ○ | + | # | ○ | ○ | ○ | ○ | ○ | + |
| Mk 7,16 | ○ | + | # | ○ | + | # | ○ | # | ○ | ○ | ○ | + |
| Mk 9,29 | ○ | – | – | ○ | + | + | – | + | ○ | ○ | ○ | + |
| Mk 11,26 | ○ | + | # | ○ | + | # | ○ | ○ | ○ | ○ | ○ | + |
| Mk 15,28 | ○ | ○ | # | # | + | # | ○ | # | ○ | ○ | ○ | + |
| Mk 16,9-20 | # | + | # | # | + | # | # | # | # | # | # | + |
| Lk 9,54 | + | + | + | ○ | + | # | ○ | # | ○ | ○ | – | + |
| Lk 9,55 | – | – | + | ○ | + | # | ○ | # | – | ○ | ○ | + |
| Lk 17,36 | – | ○ | – | ○ | + | # | ○ | ○ | ○ | ○ | ○ | + |
| Lk 23,17 | ○ | + | # | ○ | + | # | ○ | ○ | ○ | ○ | ○ | + |
| Lk 24,12. 36.40 | ○ | + | # | ○ | + | # | + | ○ | # | # | + | + |
| Joh 5,4 | # | # | # | # | + | # | ○ | ○ | ○ | ○ | ○ | + |
| Joh 7,53–8,11 | # | # | # | # | + | # | # | # | # | # | # | + |
| Apg 2,9 | + | + | + | # | + | + | + | # | + | + | ○ | + |
| Apg 8,37 | ○ | ○ | # | ○ | + | # | ○ | ○ | ○ | ○ | ○ | + |
| Apg 10,32 | ○ | – | – | – | + | – | – | + | – | – | – | + |
| Apg 24,7-8 | ○ | ○ | ○ | ○ | + | # | ○ | ○ | ○ | ○ | ○ | + |
| Apg 28,29 | ○ | ○ | – | ○ | + | # | ○ | ○ | ○ | ○ | ○ | + |
| Röm 16,24 | ○ | – | # | + | + | + | ○ | ○ | ○ | # | ○ | + |
| Röm 5,1: | | | | | | | | | | | | |
| Tatsache | + | | # | + | + | + | + | | # | + | + | + |
| Möglichkeit | | + | | | | | | + | | | | |
| 1. Kor 15,49 | | | | | | | | | | | | |
| Tatsache | + | + | # | + | + | + | + | | + | + | + | + |
| Möglichkeit | | | | | | | | + | | | | |

Die verwendeten Zeichen bedeuten: die fragliche Stelle ist
+ = im Bibeltext enthalten. Keine Anmerkung.
# = im Bibeltext enthalten, jedoch in Klammern oder/und mit Anmerkung/Fußnote zum Handschriftenbefund.
○ = im Bibeltext nicht enthalten, jedoch in einer Anmerkung erwähnt.
– = im Bibeltext nicht enthalten. Keine Anmerkung.

Auf Röm 5,1 und 1. Kor 15,49 kommen wir später zurück. Im Rahmen dieser Schrift beschränken wir uns jedoch auf einige grundsätzliche Feststellungen:

1. Auf den ersten Blick sind die Unterschiede erstaunlich. Wenn andere Bibelübersetzungen in einzelnen Versen teilweise anders lauten als die eigene, dann darf man deswegen jedoch nicht alle anderen unbesehen ablehnen. Die vielen überlieferten Handschriften (das ist positiv) weichen an einzelnen Stellen voneinander ab. Das läßt eine unterschiedliche Einschätzung oder Wertung zu. Bei den vorstehenden Beispielen haben wir uns mit Ausnahme der beiden zuletzt angeführten Stellen auf Vorhandensein oder Nichtvorhandensein ganzer Sätze oder Wendungen beschränkt. Rein sprachliche Abweichungen und verschiedene Lesarten sind natürlich viel häufiger. Da Abweichungen keinen Einfluß auf die Eindeutigkeit der Botschaft, der Aussagen der Heiligen Schrift haben – denn diese sind in Zweifelsfällen an anderen Stellen klar bezeugt – brauchen uns weder in Einzelfällen abweichende Texte noch Varianten zu beunruhigen.

2. An wenigen der aufgeführten Beispiele sollen nun einige der Gründe für Aufnahme oder Nichtaufnahme nicht eindeutig überlieferter Stellen in den Bibeltext erwähnt werden:

*Mt 6,13b*
„Denn dein ist das Reich ..." Der Text ist in den Handschriften schlecht bezeugt. Die wichtigsten enthalten ihn nicht.

*Mt 18,11*

„Denn der Sohn des Menschen ist gekommen, das Verlorene zu retten." Auch dieser Vers ist schwach bezeugt. Die Majuskel-Handschriften, die ihn bezeugen, sind mit Ausnahme einer Handschrift aus dem 5./6. Jh. zweitrangig, aus späterer Zeit und nicht einheitlich. Die Bezeugung ist jedoch besser als in Mt 6,13, was Elb zu einem anderen Entscheid bewogen haben mag.

*Mk 7,16*

„Wenn jemand Ohren hat zu hören, der höre!" Der Text fehlt in den Codices Sinaiticus, Vaticanus und Unzialschriften aus dem 8. und 9. Jh., ist jedoch im Codex Alexandrinus und in Unzialschriften aus dem 5., 6. und 9. Jh. enthalten. Fast alle Übersetzungen weisen deshalb Anmerkungen auf.

*Mk 16,9-20*

In den überlieferten Handschriften sind vier verschiedene Formen des Markus-Schlusses zu finden. Die Verse 9-20 fehlen in den Codices Sinaiticus und Vaticanus. Der Codex Alexandrinus und weitere Handschriften aus dem 5., 6. und 9. Jh. enthalten diesen langen Markus-Schluß. Die Handschriftenbefunde, d.h. die „äußeren Kriterien", sind hier also nicht eindeutig. Die historisch-kritische Forschung berücksichtigt deshalb „innere Kriterien" und argumentiert, hier kämen Wörter und Ausdrücke vor, die teilweise nicht Markus entsprächen und auch sonst nirgends in den Evangelien vorkämen. Die Vermutung liege nahe, daß später jemand die Verse 9 bis 20 geschrieben habe, der Vers 8 gekannt und einen passenden Abschluß gesucht habe. Ebensogut könnte man jedoch auch annehmen, daß das Markus-Evangelium abgeschrieben und verbreitet wurde, ehe Markus die Verse 9 bis 20 geschrieben hat (vgl. [49]). Die

Vermutung der historisch-kritischen Forschung ist keineswegs stichhaltig und überzeugend. Tieferliegende Gründe für die Ablehnung sind oft anderer Art: Ablehnung des Inhalts aus einer bibelkritischen Haltung heraus.

Wir wissen nicht, weshalb die Verse 9 bis 20 in wichtigen Textzeugen nicht enthalten sind. Sie haben sich jedoch bis heute in allen behandelten Übersetzungen gehalten, in den meisten mit Anmerkung. Der Inhalt stimmt mit den übrigen neutestamentlichen Aussagen und mit der Auffassung der ersten Gemeinde überein.

*Joh 5,4*

„Denn zu gewissen Zeiten stieg ein Engel in den Teich herab und bewegte das Wasser. Wer nun ...“ Viele alte Texte lassen diesen Teil aus. Die bibelkritische Forschung erwähnt, er enthalte „nicht johanneische Worte“. Die Verse seien in den verschiedensten Varianten überliefert, was eine Entscheidung erschwere. Abgesehen von unterschiedlichen Textzeugen spielt natürlich auch hier die geistliche Haltung der Übersetzer mit: Mehr bibeltreue und/oder traditionelle Übersetzungen enthalten den Text (mit Anmerkungen), weniger bibeltreue enthalten ihn nicht (jedoch Anmerkungen).

*Joh 7,53-8,11*

Hier trifft ähnliches zu wie bei Mk 16,9-20. Auch die behandelten Übersetzungen haben die Handschriften mit Ausnahme von Ko gleich gewertet wie bei Mk 16, obwohl die Textüberlieferung noch schwächer bezeugt ist. Die historisch-kritische Forschung ist denn auch der Ansicht, diese Stelle hier habe mit Sicherheit nicht zum ursprünglichen Text gehört. Zudem seien Stil und Wortschatz vom 4. Evangelium abweichend. Der Ablauf von Joh 7,52 und 8,12ff. werde zudem gestört. Da das Alter dieses Abschnitts jedoch bezeugt ist, wird er

dennoch von allen im Text aufgenommen mit Anmerkung. Nur bei Sch und Ho fehlt eine Anmerkung. Wir wissen nicht, weshalb der Abschnitt schlecht bezeugt ist. Er hat sich jedoch mit einer unwahrscheinlichen Hartnäckigkeit bis heute in der Textüberlieferung gehalten. So dürfen wir ihn als von Gott gegeben und bewahrt bejahen und auch erkennen, daß sein Inhalt mit der übrigen Botschaft des NT übereinstimmt.
Abschließend noch zwei andersartige Beispiele:

*Röm 5,1*
Heißt es hier: „so haben wir Frieden mit Gott“, oder handelt es sich lediglich um eine Möglichkeit, eine Ermahnung zum Frieden? Viele frühere Ausgaben (auch Westcott-Hort und v.Soden) entschieden sich für die zweite Auffassung, die zudem in den Handschriften viel besser bezeugt ist als die erste. Dennoch finden wir den Indikativ, die Tatsache, „so *haben wir* Frieden mit Gott“ mit Ausnahme von Ko und Al in allen Übersetzungen.

*1. Kor 15,49*
„Und wie wir das Bild des Irdischen getragen haben, so werden wir auch das Bild des Himmlischen tragen.“ (Möglichkeitsform: „... so laßt uns, so wollen wir auch das Bild des Himmlischen tragen). Hier ist die Möglichkeitsform in den Handschriften noch stärker bezeugt als in Röm 5,1. Dennoch wird auch hier mit Ausnahme von Al in allen Übersetzungen der Indikativ, eine Tatsache, geboten: „... wie wir ... so werden wir ...“ Zum äußeren Kriterium“ der Textzeugen kommt hier das „innere Kriterium“ des Textzusammenhangs, das mitentscheidend, ja entscheidend sein kann. Wir haben hier zwei Beispiele, bei denen auch Übersetzer mit verschiedenem theologischen Hintergrund zum selben Schluß gelangt sind.

3. Für die Wiederherstellung des Grundtextes ist die Beachtung und Wertung der überlieferten Handschriften von höchster Bedeutung. Das Zeugnis der Urgemeinde ist in Zweifelsfällen ebenfalls zu berücksichtigen. Dann gibt es Stellen, bei denen der Textzusammenhang oder das Gesamtzeugnis der Heiligen Schrift wichtig sind. Bei vielen Varianten ist die Entscheidung nicht so einfach wie in den zuletzt erwähnten Beispielen. Da kommt dann der geistlichen Haltung besondere Bedeutung zu. Damit sind wir an der Grenze sauberer Textforschung angelangt, wenn wir die Kenntnis der Originalsprachen und für die Übersetzung eine gründliche Beschäftigung mit dem Bibeltext selbst aus einer bibeltreuen Haltung heraus voraussetzen.

4. Die historisch-kritische Forschung geht über das äußere Kriterium des Handschriftenbefundes und über die inneren Kriterien von Textzusammenhang, Gesamtzeugnis der Schrift und Zeugnis der Urgemeinde hinaus. Sie geht hinter den überlieferten Text zurück und „berücksichtigt" vermutete Quellen. Sie sagt Nein zur Inspiration und zu Gottes Bewahrung der inspirierten Texte bis heute. Deshalb ist sie abzulehnen.

5. Eine kurze Charakterisierung der hier behandelten Übersetzungen aufgrund obenstehender Angaben wird uns für die Entscheidungen des folgenden Kapitels hilfreich sein:

Elb und Ko stimmen im wesentlichen überein. Das bestätigt ihre verhältnismäßig große Genauigkeit und ihre Zuverlässigkeit. Bei Elb sind vom Handschriftenbefund her Mt 18,11 und Lk 24 fraglich. Elb ist jedoch bibeltreu und darf gesamthaft wohl als genaueste und zuverlässigste deutschsprachige Bibelübersetzung beurteilt werden. Das revidierte Elb-NT läßt erwarten, daß dies auch auf das bald revidierte AT zutreffen wird. Bei Ko sind vom Handschriftenbefund her Mk 7,16, Mk 11,26 und Lk 23,17 fraglich. In Röm 5,1 zeigt sich eine zu konkordante Sicht, die den Textzusammenhang vernachlässigt. Ko ist jedoch durch die Nähe zum Grundtext sehr wertvoll bei richtigem Gebrauch.

Me entspricht nicht dem neuesten Stand der Textforschung, ist jedoch vor allem durch die vielen Angaben von Varianten eine Hilfe.

Zü ist genauer als Sch, wertet jedoch in Lk 9,54 wie bibelkritische, nicht wie bibeltreue Ausgaben, was den theologischen Hintergrund andeutet.

Lu 56 sieht eher traditionell aus mit vorsichtiger Anpassung durch die vielen Anmerkungen, während an Lu 75 die starke Überarbeitung auffällt. Lk 9,54 und Joh 5,4 entsprechen bei Lu 75 den übrigen bibelkritischen Ausgaben.

Bei Sch zeigt sich die Notwendigkeit einer stärkeren Berücksichtigung der Handschriften, was in der gegenwärtigen Überarbeitung geschieht.

Al bezieht sich teilweise auf andere Handschriften. Das zeigt sich in Apg 10,32. In Röm 5,1 und 1. Kor 15,49 beachtet Al die Handschriften und vernachlässigt den Textzusammenhang.

Als historisch-kritische Ausgaben sind Wi, Ei und GN in den meisten Fällen einheitlich.

Bei Ho ist offensichtlich der Handschriftenbefund vernachlässigt worden. GN und auch die „Living Bible“ sind in vielen Fällen genauer als Ho.

Diese kurzen Hinweise bestätigen im wesentlichen die Aussagen zu den einzelnen Übersetzungen im 2. Teil.

6. Dieses Kapitel will auch Verständnis wecken für die zusätzlichen Informationen zur Textüberlieferung und zum Handschriftenbefund, die in manchen Übersetzungen angegeben sind. Dabei muß jedoch unbedingt beachtet werden: Wenn in Anmerkungen steht „andere Handschriften: ...“, „spätere Handschriften: ...“, „schwach bezeugt“ usw., so bietet dies noch keine Gewähr dafür, daß der gebotene Bibeltext wirklich der beste und zuverlässigste ist. Wie weiter oben erwähnt, ist die geistliche Haltung mitentscheidend.

# (13) Welche Bibelübersetzung benützen?

Jeder gläubige Mensch braucht in erster Linie die ganze Heilige Schrift Alten und Neuen Testaments in einer Übersetzung, auf die man sich voll verlassen kann. AT und NT gehören zusammen. Sie bilden die von Gott geschenkte Einheit göttlicher Offenbarung und ergänzen sich.

Wir stehen mit der Bibel auf und empfangen für den neuen Tag, was wir benötigen. Wir finden darin Gottes Willen und Gottes Plan für die Gegenwart und die Zukunft. Sie begleitet und beschäftigt uns. Wir lernen sie immer besser kennen, lieben und befolgen. Deshalb ist es nicht gleichgültig, auf welche Übersetzung wir uns stützen.

In Frage kommt nur eine bibeltreue Übersetzung, d.h. eine Ausgabe, die geprägt ist vom Ja zur Inspiration der Schrift und von einer biblischen Theologie. Das betrifft den Bibeltext selbst wie auch alle zusätzlichen Angaben.

Die Bejahung der Inspiration der Bibel führt zur Beachtung der Handschriftenüberlieferung, um dem Grundtext möglichst nahe zu kommen. Bei Unklarheiten und Varianten werden der Textzusammenhang, andere Bibelstellen und das Zeugnis der ersten Zeit mitberücksichtigt.

Voll verlassen kann man sich nur auf eine Übersetzung, die den überlieferten Grundtext wiedergibt. Je sinngemäßer dies geschieht, desto besser – desto zuverlässiger ist die Übersetzung. Dazu haben wir folgendes festgestellt: Eine streng konkordante, d.h. formal grundtextgenaue Übersetzung vergewaltigt die sprachlichen Gesetzmäßigkeiten, die bei Hebräisch/Griechisch und den heutigen Sprachen sehr verschieden sind. Konsequent konkordant bedeutet somit nicht grundtextgenau. Je mehr jedoch die formale Nähe zum Grundtext aufgrund moderner Übersetzungsprinzipien verlassen und je mehr Gewicht der Leichtverständlichkeit sowie der Empfängerreaktion beigemessen wird, desto größer wird der Übersetzungsspielraum. Wohl wird jede Übersetzung mehr oder weniger vom Übersetzer mitgeprägt. Die Gefahr subjektiver Beeinflussung ist jedoch bei modernen Übersetzungen und Übertragungen bedeutend größer als bei grundtextnahen.

Elb ist wohl gegenwärtig die zuverlässigste deutschsprachige Übersetzung. Das AT ist in der bisherigen Ausgabe sprachlich sehr schwerfällig, wird jedoch bereits 1985 oder 1986 revidiert verfügbar sein. Lernen Sie heute schon das revidierte NT kennen. Bis zum Erscheinen der revidierten Vollbibel wissen Sie dann, ob Sie Elb als täglichen Begleiter wählen oder für diesen Zweck eine sprachlich stärker revidierte Übersetzung vorziehen wollen. Auch dann bleibt Elb für das Bibelstudium sehr wichtig.

Sch wird gerne von gläubigen Christen benutzt. Sprachlich ist die vorliegende Ausgabe nicht zeitgemäß. Auch konnte der Übersetzer aus verschiedenen Gründen die damals bekannten Handschriften nicht voll berücksichtigen. Sie ist jedoch bibeltreu, allgemein grundtextnah und für den täglichen Gebrauch sehr zu empfehlen, bis in einigen Jahren die neubearbeitete Ausgabe erhältlich sein wird.

Me ist unübersichtlich durch die immer noch verwendete Fraktur-Schrift, den breiten Satzspiegel und die Ergänzungen im Text selbst. Zudem enthält sie die Apokryphen. Als täglicher Begleiter wird sie nicht empfohlen.

Stark verbreitet sind selbstverständlich Lu und Zü. Zü ist genauer als Lu.

Für den täglichen Gebrauch kommen außer Elb vorwiegend Sch, Lu 64/56 oder Zü in Frage. Die im 2. Teil erwähnten Vorbehalte bei Lu und Zü sollten jedoch beachtet werden.

Lu NT-75 wird von der Grundhaltung und Zuverlässigkeit her abgelehnt. Sc (Lu 12) ist aus sprachlichen Gründen und größerer Ungenauigkeit für diesen Zweck nicht zu empfehlen. Lu NT-84 wird im Anhang erwähnt.

NW ist eine von Irrlehren geprägte Ausgabe und deshalb abzulehnen.

Br ist zu ungenau und durch die vielen zwischen den Bibeltexten angeordneten Abschnitte mit Kommentarcharakter nicht geeignet. Im weiteren verweisen wir auf die noch folgenden Hinweise zu Anmerkungen.

Je, Ei und GN können als bibelkritische und theologisch unbiblisch geprägte Ausgaben nicht berücksichtigt werden.

Die Frage nach einer Vollbibel für die verschiedensten Verwendungszwecke ist schon bei Zü erwähnt worden. Dieses Ziel wurde bei Ei angestrebt. Wir finden auch dort bestätigt, daß sich dafür nur eine auch formal verhältnismäßig grundtextnahe, sprachlich begrenzt angepaßte Übersetzung eignet (eher gehobenes Deutsch). Eine Vollbibel dieser Art (für persönlichen Gebrauch, Studium, Verkündigung, Unterricht), die zudem voll bibeltreu ist, existiert noch nicht. Elb wurde nur sehr vorsichtig sprachlich modernisiert. Wir werden auch in diesem Zusammenhang gut tun, die Revision oder Neuübersetzung von Sch im Auge zu behalten.

Zi steht zwischen Vollbibeln und NT-Ausgaben, da das AT nur teilweise geboten wird. Zi ist sowohl von der Grundhaltung wie von der Übertragung selbst her abzulehnen und zu meiden – auch wenn vom selben Verfasser viel ansprechende christliche Literatur auf dem Markt ist. Mit seiner Übertragung will Zi gemäß Vorwort helfen, daß der Leser danach auch zu einer wörtlichen Übersetzung den Zugang findet. Ein unbiblischer Weg führt jedoch nicht zu einem besseren biblischen Verständnis.

Die bisherigen Bemerkungen beziehen sich auf die Wahl einer Vollbibel (AT mit NT). Wie erwähnt, können AT- oder NT-Ausgaben nie Vollbibeln ersetzen. Die nachfolgenden Hinweise zur Bibelwahl betreffen deshalb zusätzliche, andere Verwendungszwecke. Ihre Bibel für den täglichen Gebrauch werden sie auch hier mitbenützen.

Als Hilfe zum Bibelstudium eignet sich vor allem Elb, dann aber auch Me, Al und Ko.

Be ist interessant für Studenten, Bu im Zusammenhang mit dem Hebräischen – vor allem dann, wenn man Bu von ihrem Hintergrund her kennenlernt und vielleicht in ruhigen Minuten auch einmal laut liest.

Sc ist durch die Parallelstellenangaben und das Kettensystem mit Erklärungen zu wichtigen Begriffen eine wertvolle Studienhilfe. Neuere geistige Entwicklungen sind in den Anmerkungen jedoch noch nicht berücksichtigt. Schade auch, daß dieser Studienausgabe der Luthertext von 1912 zugrunde liegt.

Unter Berücksichtigung der bei Al, Mü und Br angebrachten Vorbehalte können diese Ausgaben eine zusätzliche Hilfe sein. Bei Al wird die sprachliche Formulierung oft geschätzt. Für alle drei sind die Anmerkungen von besonderem Gewicht und deshalb die noch folgenden Hinweise zu den Anmerkungen beachtenswert.

Fo ist von der Grundhaltung, von der Übertragung und von der Bild/Text-Anlage her nicht zu empfehlen. Zi wird ebenfalls grundsätzlich abgelehnt.

Pf ist als Beispiel einer Übersetzung ohne Anmerkungen aufgeführt, jedoch nicht immer sinngemäß und zudem bald nicht mehr erhältlich. Sie kommt somit nicht mehr in Betracht.

Wenn für einzelne Textvergleiche eine nicht bibeltreue Ausgabe mitbenutzt wird, sollte in jedem Fall mit einer bibeltreuen grundtextnahen Ausgabe verglichen werden sowohl im Text als auch in den Anmerkungen.

GN und Ho müssen abschließend gesondert behandelt werden. GN ist teilweise genauer als Ho, jedoch nicht bibeltreu. GN kann deshalb, obwohl es sich um eine ansprechende Vollbibel handelt, für die regelmäßige Benützung nicht empfohlen werden.

Ho ist erst als NT-Ausgabe erschienen, läßt also von daher keinen Vergleich zu. Die bibeltreue Theologie und die zeitgemäße Sprache werden ihr viele Freunde schaffen. Da sich die Anmerkungen auf wörtliche Wiedergaben des Grundtextes und einzelne Parallelstellen beschränken, steht der Bibeltext selbst ohne Ablenkung im Mittelpunkt. Das ist erfreulich.

Ho geht jedoch in der sprachlichen Formulierung teilweise viel weiter als GN – weiter, als notwendig wäre, um eine sehr gute Verständlichkeit in unserer Zeit zu gewährleisten. Hinzu kommt die teilweise Ungenauigkeit und die Vernachlässigung des Handschriftenbefundes. Sie eignet sich weder als Hilfe für Studienzwecke noch als ergänzende Ausgabe in der Gemeindesituation. Sie kann als bibeltreue Ausgabe in leichtverständlicher und zeitgemäßer Sprache für einen ersten Kontakt mit dem biblischen Geschehen und Inhalt bejaht werden. Verschiedene Verbesserungen sind jedoch noch wünschenswert. Zu deren Verwirklichung kann auch der Leser beitragen, wie das abschließende Kapitel zu unserem Thema zeigen wird.

Wir brauchen auch heute nicht Dutzende von Bibelausgaben. Eine grundtextnahe Vollbibel, auf die wir uns voll verlassen können, ist am wichtigsten. Für das Bibelstudium können wenige weitere Ausgaben eine Hilfe sein. Ein bibeltreues, zuverlässiges NT genügt für Erstkontakte und bisher dem Evangelium Fernstehende. Weshalb für Fernstehende keine Vollbibel empfohlen wird, werden wir im abschließenden 4. Teil erwähnen.

An dieser Stelle muß jedoch noch auf die oft sehr umfangreichen Anmerkungen und zusätzlichen Informationen hingewiesen werden:

Anmerkungen im Bibeltext, die sich nicht vom Text selbst unterscheiden, sind abzulehnen. In der Bibel für den täglichen persönlichen Umgang sind Anmerkungen außer kurzen Hinweisen zum Text und zur Übersetzung grundsätzlich keine Hilfe. Gott hat uns sein Wort ohne Anmerkungen gegeben. Gottes Geist wirkt vor allem durch den inspirierten Text – nicht durch Anmerkungen. Orientierung und Hilfe empfangen wir nach Gottes Willen durch sein Wort – nicht durch Anmerkungen dazu.

Bei einer Bibel mit Anmerkungen ist die Gefahr sehr groß, daß wir uns nach dem Bibellesen sofort den Anmerkungen zuwenden und uns davon mitprägen lassen. Wo bleibt da noch Raum und Zeit für das Hören und Warten, bis Gott uns begegnet? Wie werden wir noch ins Gebet geführt, wenn uns alle Erklärungen schwarz auf weiß vorgelegt werden? Wie lernen wir dann noch, durch die Beschäftigung mit dem Text selbst ein gesundes, biblisches Unterscheidungsvermögen zu entwikkeln und „zum Mannesalter heranzureifen"?

Hinzu kommt die Vielfalt der Zusätze: Können Anmerkungen seelsorgerlicher Art in vielen Fällen eine große Hilfe sein, so ist der Laie meistens dort überfordert und den Spezialisten „ausgeliefert“, wo es um sogenannte wissenschaftliche Erkenntnisse, Angaben zur Textforschung, geschichtliche Angaben oder theologische Argumentation geht. Er ist meistens nicht in der Lage, deren Berechtigung nachzuprüfen. Der Verzicht auf Bibelanmerkungen bedeutet dann nicht nur Verzicht auf Ablenkung, sondern oft auch Bewahrung.

Damit ist jedoch nichts gesagt gegen die von der persönlichen Bibellese unabhängige Mitbenutzung zuverlässiger, bibeltreuer Anmerkungen oder Hilfsmittel.

Zur Auswahl der Bibel kommt die richtige Benutzung der Bibel, die zudem in einem größeren Zusammenhang gesehen werden muß. Diese Fragen werden uns im 4. Teil beschäftigen.

# (14) Aufruf

Dieser Aufruf richtet sich an jeden einzelnen Leser!

Die Bewahrung grundtextnaher und zuverlässiger Übersetzungen ist ein Gebot der Stunde. Auch eine bibeltreue Übertragung in zeitgemäßer Sprache für Erstkontakte und dem Evangelium noch Fernstehende ist sehr wichtig.

Dazu müssen jedoch keine neuen Übersetzungen abgewartet werden – die ebenfalls Schwachstellen aufweisen würden. Das Bestehende und die Ausgaben in Neubearbeitung genügen vollauf.

Achten Sie beim Lesen selbst darauf, was beim ElbNT noch zu verbessern ist. Schreiben Sie direkt an den Verlag. Sollte es nicht möglich sein, daß der Herausgeber von Me durch vermehrtes Interesse an dieser wertvollen Übersetzung veranlaßt wird, einen Neudruck in angemessener Schrift und ohne Apokryphen zu prüfen oder einen Neudruck zu ermöglichen? Auch die Herausgeber von Ho nehmen gern Hinweise und Verbesserungsvorschläge entgegen. Beten Sie mit für die Fertigstellung dieser Übersetzungen wie auch für die Neubearbeitung von Sch, dessen Herausgeber zudem Informationen über die Neuübersetzung abgibt. Bibeltreue Ausgaben sollen bewahrt und soweit möglich noch besser werden. An dieser Stelle sei auch den Verlegern – sicher im Namen vieler Bibelleser – herzlich gedankt für die Bereitschaft zu notwendigen Verbesserungen und für die Entgegennahme von Anregungen.

„Denn ich habe euch vor allem überliefert, was ich auch empfangen habe: daß Christus für unsere Sünden gestorben ist nach den Schriften; und daß er begraben wurde und daß er auferweckt worden ist am dritten Tag nach den Schriften" (1. Kor 15,3-4).

„Die Schriften" müssen bewahrt werden. „Es steht geschrieben" war Maßstab Jesu Christi. Was „die Bibel sagt", wirklich sagt, ist auch heute entscheidend.

# 4. Teil

# Vom Umgang mit der Bibel

# (15) Bibellesen

Luther schrieb über das rechte Lesen und den Gebrauch der Bibel u.a. folgendes:

„Darum sollst du an deinem Sinn und Verstand stracks verzagen. Denn damit wirst du es nicht erlangen, sondern mit solcher Vermessenheit dich selbst und andere mit dir vom Himmel stürzen, sondern knie nieder in deinem Kämmerlein und bitte mit rechter Demut und Ernst zu Gott, daß er dir durch seinen lieben Sohn wolle seinen Heiligen Geist geben, der dich erleuchte, leite und Verstand gebe. Zum andern sollst du meditieren, das ist: nicht allein im Herzen, sondern auch äußerlich die mündliche Rede und buchstäblichen Worte im Buch immer treiben und reiben (wiederholen und vergleichen), lesen und wiederlesen, mit fleißigem Aufmerken und Nachdenken, was der Heilige Geist damit meint … Lies gern in der Heiligen Schrift, werde nicht überdrüssig noch laß dich dünken, du seist satt und könntest alles wohl. Sonst wirst du nichts davon verstehen, wenn du meinst, du habest alles verstanden." ([50])

Luther weist auf die innere Haltung zu einem gesegneten Bibellesen hin. Die Ursache liegt immer bei uns, wenn die Gemeinschaft mit Gott gestört ist und er uns nicht so begegnen kann durch sein Wort, wie er möchte. Das Ziel des Bibellesens ist Begegnung, geistliche Ausrichtung, geistliches Wachstum.

In Eph 2,3 spricht Paulus vom Wesen des unerlösten Menschen wie folgt: „Unter diesen hatten auch wir einst alle unseren Verkehr in den Begierden unseres Fleisches, indem wir den Willen des Fleisches und der Gedanken taten und von Natur Kinder des Zorns waren wie auch die anderen."

Wir sind uns einig darin, daß mit der Wiedergeburt eine Neuschöpfung erfolgt, die eine neue Gesinnung bewirkt. Wir können auch zustimmen, daß die „Begierden unseres Fleisches“ zunehmend der „Frucht des Geistes“ weichen müssen in der Gemeinschaft mit Christus und seinem Wort. Schwerer fällt uns hingegen, den „Willen der Gedanken“ in diesem Zusammenhang zu sehen.

Ist uns bewußt, daß das Leben nach dem Maßstab der Vernunft ein Kennzeichen des unerlösten Menschen ist? Der „Wille der Gedanken“ gehört genauso zum unerlösten Menschen wie der „Wille des Fleisches“.

Wie Paulus weiter schreibt, kommt die große Erneuerung dadurch, daß wir „mit dem Christus lebendig gemacht“ worden sind (Eph 2,5). Nun sind wir „sein Gebilde, in Christus Jesus geschaffen zu guten Werken, die Gott zuvor bereitet hat, damit wir in ihnen wandeln sollen“ (Eph 2,9-10). Es sind nicht mehr „Werke unserer Gedanken“; es sind Werke, die er bereitet hat. Weil alles von seinem Wirken und seiner Gnade abhängt, sind es seine Werke. Sie sind nicht mehr Frucht unserer Gedanken, sondern Frucht seiner Gegenwart. Entscheidend ist nun die Lebensgemeinschaft „mit dem Christus“. Daraus entspringt alles Tun, das ihn ehrt.

Gewiß ist in der Neuschöpfung auch unser Denken auf eine neue Grundlage gestellt worden. Geändert hat sich jedoch nicht der Denkvorgang an sich; geändert hat sich der Maßstab, nach dem unser Denken erfolgen soll. Früher war es der menschliche Wille, jetzt ist es sein Wille. Paulus schreibt in 2. Kor 10,5: „So zerstören wir Vernünfteleien (o. Berechnungen, Beurteilungen) und jede Höhe, die sich gegen die Erkenntnis Gottes erhebt, und nehmen jeden Gedanken (o. jede Wahrnehmung) gefangen unter den Gehorsam Christi.“

Wie oft bezeugen wir im Gebet unsere Bereitschaft, Gottes Willen zu tun. Wollen wir wirklich? Fragen wir klarer: Wer hat das letzte Wort in den täglichen Entscheidungen – mein Wille oder Gottes Wille? Wir erkennen, wie sehr der „Wille der Gedanken" des erlösten Menschen noch vom Wesenszug des unerlösten Menschen geprägt sein kann! Unser Verstand ist oft zuerst gegen das Wort Gottes. Bei der Entscheidung muß das Herz mitreden können.

Unser Denken ändert sich nur in dem Maße, wie wir von Gott geprägt sind. Unser Denken muß eingebettet sein in unser geistliches Leben der Gemeinschaft mit unserem Herrn. Wenn aus dieser Haltung heraus unsere Denkfähigkeit und die uns geschenkten Gaben voll eingesetzt werden, wird unser Denken und Tun Gott gefallen und von ihm gesegnet.

Daraus ergibt sich nun Wesentliches für unser praktisches Leben: Je mehr Gottes Wort in uns lebt, desto mehr wird unser Denken, Empfinden und Handeln davon geprägt. Das hat jedoch nicht nur mit dem Wissen und Kennen des Wortes zu tun, sondern mit dem Erfassen und Verstehen.

Da hat Luther schon recht: „Und hüte dich, daß du nicht ... denkest, du habest es ein- oder zweimal genug gelesen, gehört, gesagt und verstehst es alles." ([50]) Richtig hören braucht außer der richtigen Haltung Zeit. Wenn wir die Prioritäten nicht entsprechend setzen, haben wir immer zu wenig Zeit für das Wesentliche.

Je mehr wir Gottes Wort lesen, desto besser. Das genügt jedoch nicht. Das Ziel des Wortes ist nicht der Verstand, sondern das Herz. „Maria aber bewahrte alle diese Worte und erwog sie in ihrem Herzen" (Lk 2,19), „bewahrte sie in ihrem Herzen" (Lu 56), „durchdachte sie in ihrem Herzen" (Ko), „dachte in ihrem Herzen oft darüber nach" (Al).

Geht es uns nicht immer wieder so, daß wir abends nicht mehr wissen, was wir morgens gelesen haben? Wir haben das Wort nicht verstanden und die geistliche Speise nicht mit in den Tag hineingenommen. Vielleicht haben wir das Gotteswort verstanden, aber uns nur so kurz damit befaßt und so wenig dafür gedankt, daß es wieder verlorenging. So wird weder unser Glaube gestärkt noch der Tag mitgeprägt.

In Jos 1,8 und in Ps 1,2 werden wir aufgefordert, Tag und Nacht über Gottes Wort nachzusinnen. Das beginnt mit Lesen, Beten und Nachdenken am frühen Morgen. Die Gemeinschaft und Begegnung mit Gott hört jedoch nicht auf nach der Morgenandacht. Gottes Wort und Reden muß mit uns in den Tag hinein. Dazu kann uns ein Zettel mit dem gelesenen Bibelwort und der uns wichtig gewordenen Hauptbedeutung helfen. Auch bei uns vielbeschäftigten Menschen des 20. Jahrhunderts gibt es immer wieder Momente während des Tagesablaufs, in denen wir uns neu auf dieses Wort ausrichten können. So wird das Wort immer mehr zum Lebenselement, das unser Denken, Wollen und Empfinden prägt.

Wenn Luther davon schreibt, „auch äußerlich die mündliche Rede und buchstäblichen Worte im Buch immer zu treiben und reiben (wiederholen und vergleichen), lesen und wiederlesen, mit fleißigem Aufmerken und Nachdenken, was der Heilige Geist damit meint“, dann trifft er den Kern des „Meditierens“: wiederholen. Immer wieder lesen, betrachten und nachsinnen mit dem Ziel, innerlich zu erfassen und zu begreifen – nicht bloß rational zu wissen und zu kennen. Das geflügelte Wort „Wissen ist Macht“ wird in diesem Sinne zu „Begegnung ist Macht“ – Begegnung mit Gott durch sein Wort, durch das Wirken des Heiligen Geistes; Macht Gottes über uns selbst, für ein Leben und Dienen zu seiner Ehre. Je mehr wir Gottes Wort in der richtigen Haltung aufnehmen, betrachten, bewegen, darüber nachdenken, desto mehr wird unser Leben von Gott her berührt, erleuchtet und verändert, denn die Kraft liegt im Wort.

Biblische „Besinnung“ richtet sich nicht nach außen und nicht auf unser Inneres aus. Biblische Besinnung richtet sich auf das Wort Gottes aus. Biblische Besinnung wird nicht „als Übung betrieben“ und nicht geübt für das nachfolgende Bibellesen. Sie geschieht nie mittels menschlicher Krücken. Biblische Besinnung ist vom ersten bis zum letzten Augenblick auf die direkte Begegnung mit Gott und seinem Wort durch das Wirken des Heiligen Geistes ausgerichtet. Das bedingt allerdings eines: aufrichtiges Verlangen, Gott zu begegnen, und die Bereitschaft, seinen Willen zu bejahen und zu tun.

Wir können diese grundsätzlichen Überlegungen zum Bibellesen nicht abschließen, ohne nochmals auf die Bedeutung des Gebets hinzuweisen. Luther hat davon gesprochen. Wir sind auch nicht immer schon im ersten Moment voll darauf ausgerichtet, aufmerksam und aufnahmebereit. Gerade jetzt stürzt so manches auf uns ein, das uns beunruhigen und ablenken will. Warum nicht aufschreiben und dann zur Seite legen, was uns von den Aufgaben des neuen Tages beschäftigen will? Wo wir versagt haben, was uns Sorgen bereiten und bedrücken will, warum es nicht dem Herrn und seiner Gnade anbefehlen? Und dann, wenn wir innerlich und äußerlich zur Ruhe gekommen und aufnahmebereit sind, können wir hören, wie ein Jünger hört (Jes 50,4). Ablenkungen kommen auch während der Bibelbetrachtung auf uns zu, denn der Feind ist nicht untätig. Dann suchen wir erneut den Weg zur Ruhe, dürfen neu zum rechten Hören finden und dann aus dieser persönlichen Begegnung heraus gereinigt, gestärkt und mit klarem Kurs vorwärtsgehen.

Unser Bibellesen richtet sich auf das inspirierte Gotteswort aus. Wir benützen hier mit Gewinn weder Anmerkungen noch andere Hilfsmittel. Wir lesen die Bibel fortlaufend, einzelne Bücher, Kapitel oder Verse. Eine Bibel mit Parallelstellen ist wertvoll, um eine Wahrheit weiter zu betrachten, die uns anspricht. Was wir heute nicht verstehen und begreifen können, legen wir bei dieser Gelegenheit beiseite und gehen weiter. Was Gott uns heute zeigt, genügt für heute. Anfänglich ist es sicher gut, wenn man für dieses Bibellesen außer den Psalmen und den Sprüchen das Neue Testament benützt.

Wir sollten uns genügend Zeit für die Betrachtung seines Wortes nehmen (Nebenfrage: Wieviel Zeit brauchen wir täglich für die Zeitung, für weitere Literatur, für Radio und Fernsehen?). Entscheidend ist jedoch nicht, wie viele Minuten wir dafür einsetzen. Wir dürfen die Zeit einsetzen, die uns zur Verfügung steht, wenn wir der Bibel den ihr gebührenden Platz in unserem Leben einräumen.

# (16) Bibelstudium

Vielleicht können wir wie folgt unterscheiden: Das Ziel des Bibellesens ist Begegnung mit Gott, das Ziel des Bibelstudiums Orientierung. Eine genaue Abgrenzung ist jedoch nicht möglich. Begegnung mit Gott bringt auch Orientierung und geistliche Unterscheidung; Bibelstudium, das uns auf die Spuren der Herrlichkeit Gottes in Jesus Christus führt, treibt in die Anbetung. Auch sind in beiden Fällen die rechte Herzensstellung, das Vertrauen in die Schrift und die Bereitschaft zum Gehorsam Voraussetzung. Beim Bibellesen soll das Wort Gottes unser Herz erreichen. Beim Bibelstudium suchen wir mit einem von Gott erleuchteten Herzen Gottes Wort besser zu verstehen. Bibelstudium setzt Bibellesen voraus. Bibelstudium ohne Offenheit und Bereitschaft zur Begegnung mit Gott ist nutzlos, oft sogar schädlich. Das gilt auch für das Theologiestudium.

Die Bibel zeigt uns den Weg zum ewigen Leben in Christus (Joh 5,39). Jede nicht mit der Schrift übereinstimmende Evangeliumsverkündigung steht unter Gottes Gericht (Gal 1,8). Wir sind deshalb aufgerufen, das verkündigte Evangelium an der Schrift zu prüfen wie die Gläubigen in Beröa (Apg 17,11). In der heutigen Zeit vieler falscher Propheten ist dies besonders wichtig. „Christliche" Literatur ist davon nicht ausgeschlossen. Das ruft nach Bibelstudium.

Dann stehen wir auch als Christen mitten im alltäglichen Leben. Menschen, mit denen wir zusammentreffen, erfahren von unserem Glauben und unserer Hoffnung. Dazu sagt die Bibel: „Seid aber jederzeit bereit zur Verantwortung gegen jeden, der Rechenschaft von euch über die Hoffnung in euch fordert" (1. Petr 3,15).

Das kann vom persönlichen Zeugnis bis zur biblischen Heilslehre führen und Bibelstudium voraussetzen.

Zum Bekenntnis unseres Glaubens kommt das Verlangen, anderen zu helfen. Aquila und Priscilla, einfache Christen, hörten Apollos, nahmen ihn mit nach Hause und legten ihm den Weg Gottes genauer aus (Apg 18,26). So können auch heute gläubige Menschen im Alltag oder beispielsweise in Hausbibelkreisen gesunde, biblische Lehre weitergeben.

„Und so besitzen wir das prophetische Wort (um so) fester, und ihr tut gut, darauf zu achten als auf eine Lampe, die an einem dunklen Ort leuchtet" (2. Petr 1,19). So bleiben wir selbst vor Verführung bewahrt und können auch andern helfen. Über aller Weltgeschichte steht Gottes Heilsgeschichte. Sein Plan geht in Erfüllung. Vergangene und gegenwärtige Geschichte zeugt davon. Biblische Lehre und Prophetie wird zum Maßstab des ganzen Lebens und schließt auch die Zukunft mit ein. Bibelstudium bringt lebendige Hoffnung, das Stehenbleiben bei Umständen und Zeitgeschehen lähmt.

In dieser ganzen Breite ist Bibelstudium für jeden einzelnen gläubigen Christen wichtig. Wir müssen selbst im Wort Gottes gegründet werden durch Bibellesen, Bibelstudium und Umgang mit der Bibel, wie er im nächsten Kapitel erwähnt wird. Es gibt keinen anderen Weg zur geistlichen Mündigkeit. „(Denn) wir sollen nicht mehr Unmündige sein, hin- und hergeworfen und umhergetrieben von jedem Wind der Lehre durch die Betrügerei der Menschen, durch (ihre) Verschlagenheit zu listig ersonnenem Irrtum" (Eph 4,14).

Bibelstudium ist dann besonders fruchtbar, wenn wir genügend Zeit reservieren und auch bereit sind, „harte" Arbeit zu leisten. Die Mühe wird reichlich belohnt!

Wir können uns eingehend mit einem biblischen Buch, einem einzelnen Kapitel oder Vers beschäftigen.

Das Studium einer biblischen Wahrheit, eines biblischen Begriffs ist sehr zu empfehlen. Das Studium von Biographien biblischer Männer und Frauen deckt geistliche Gesetze auf und führt mitten in unser eigenes Leben hinein.

Wir gehen von dem Grundsatz aus, daß die Bibel – das inspirierte Wort Gottes – sich selbst erklärt. Deshalb studieren wir die Bibel im Textzusammenhang und ziehen andere Bibelstellen und Bibelabschnitte hinzu. Sind nur wenige Parallelstellen angegeben, dann kann eine Wortkonkordanz helfen. Eine Bibelstelle wird oft durch eine andere noch klarer verständlich.

Wir sollten die Bibel auch vermehrt kennenlernen, um einzelne Wahrheiten und Geschehnisse besser in den Gesamtzusammenhang einordnen zu können. Das fortlaufende, aufmerksame Durchlesen der ganzen Bibel – immer wieder, nicht nur einmal – ist dazu eine große Hilfe, fördert das Verständnis und erleichtert das Studium biblischer Geschichte und Prophetie. Auf die Benützung verschiedener Bibelübersetzungen gehen wir später ein.

Erst jetzt, nach Berücksichtigung des Bibeltextes, können weitere Hilfsmittel in Frage kommen: Bibelanmerkungen und -erklärungen, Bibellexikon, Bibelatlas, Bibelkommentare. Dabei ist besonders auf bibeltreue Ausgaben zu achten. Es genügt auch nicht, sich einfach einer „evangelischen Buchhandlung“ anzuvertrauen. Selbst Buchhandlungen einer bestimmten Denomination bieten keine Gewähr für bibeltreue Hilfsmittel. Besser ist es, wenn man die Autoren kennt oder sich auf bibeltreue Verlagsunternehmen stützen kann. Wenden Sie sich auch an jemanden, dem Sie diesbezüglich vertrauen können.

Für das fortlaufende Bibelstudium oder für die Betrachtung ganzer Bücher und Biographien genügen die

Vollbibeln zum Bibellesen, also z.B. Sch, Lu, Zü. Für das Studium von biblischen Begriffen, einzelnen Sätzen und Kapiteln sind möglichst grundtextnahe Ausgaben zu benützen oder mitzubenützen und auch entsprechende Hinweise in den Fußnoten zu beachten. Dazu haben wir Elb, Me, Al, Ko erwähnt. Der Vergleich mit Elb ist, wie schon früher festgehalten, besonders wichtig, wenn in Einzelfällen nicht bibeltreue, jedoch aufgrund der Grundtextnähe oder der Texthinweise in Fußnoten nützliche Ausgaben mitbenützt werden.

Die vielfältige Verwendungsmöglichkeit für Elb läßt hoffen, daß nach Abschluß der AT-Revision Ausgaben für die verschiedenen Bedürfnisse auf den Markt kommen – auch eine Studienausgabe mit breiterem Rand für Notizen und aus festem Papier, das sich gut beschreiben läßt.

Arbeiten Sie auch mit Unterstreichen und mit verschiedenen Farben zur Kennzeichnung von für Ihren Zweck wichtigen Stellen. Sie können z.B. verschiedene Farben nehmen für die Wesenszüge Gottes, für seine Verheißungen, für seine Gebote an uns. Dann gibt es Bibelstellen, die Ihnen besonders viel bedeuten. Andere zeigen, wo wir dankbarer, wachsamer sein oder entschiedener dem Herrn nachfolgen sollten. Auch jene dürfen wir besonders kennzeichnen, die Gottes Willen und Plan für unser Leben beinhalten oder die Bedeutung des Vertrauens zu Gott und seinem Wort zum Ausdruck bringen. Eine Studienbibel muß nicht „schön“ bleiben. Sie soll als Arbeitsinstrument dienen.

Mit diesen Hinweisen sollen lediglich einige grundsätzliche Anregungen weitergegeben werden. Sie können und wollen eingehendere Schriften zum Bibelstudium nicht ersetzen.

Abschließend wenden wir uns noch der praktischen Benützung verschiedener Bibelübersetzungen beim

Studium zu. Schon im 2. Teil haben wir oft Bibelstellen aus verschiedenen Übersetzungen verglichen. Hier geht es jedoch nicht um den Vergleich zur besseren Beurteilung der Übersetzungen, sondern auf der Grundlage zuverlässiger Übersetzungen um ein besseres Verständnis des Wortes. Im Rahmen dieser Ausgabe beschränken wir uns allgemein auf deutsche Ausgaben ohne Benutzung von fremdsprachigen Bibeln oder von Arbeitsmitteln, die näher zum hebräischen und griechischen Grundtext führen.

An einigen wenigen Beispielen soll nun auf den Nutzen des Arbeitens mit verschiedenen Übersetzungen und Ausgaben hingewiesen werden.

*Mt 5,1-2*

Elb: „Als er aber die Volksmenge sah, stieg er auf den Berg; und als er sich gesetzt hatte, traten seine Jünger zu ihm. Und er tat seinen Mund auf, lehrte sie und sprach ..."

Ein Vergleich zeigt, daß Zü, Me, Ko, Sch und Lu ähnlich lauten. Ko spricht jedoch plastischer: „auf den Berg *hinauf*". Man wird an die Mühe erinnert, die damit verbunden sein kann. Me hat „den Berg" in Klammern und im Text selbst „ins Gebirge". Der lange, beschwerliche Weg und die Einsamkeit stehen hier vor uns. Lu hingegen spricht nicht von „dem", sondern von „einem" Berg. Das kann irgendein Berg sein und legt die ganze Bedeutung auf den nachfolgenden Text. Er ging auf einen Berg (nicht in ein Tal); das könnte uns veranlassen nachzuforschen, wann und wozu Jesus bei anderen Gelegenheiten das Gebirge oder die Berge oder einen Berg aufgesucht hat. Mit diesem weiterführenden Studium wären wir jedoch schon mitten in der Vorbereitung für eine Bibelandacht.

Zu diesem ersten Beispiel ziehen wir doch noch einmal Ho hinzu:

Ho: „Als Jesus die Menschenmenge sah, stieg er auf einen Berg. Dort setzte er sich und redete zu seinen Jüngern ..."

V. 2 wurde bereits im 2. Teil bei GN erwähnt. Festzustellen bleibt nur, daß Ho als einzige „traten seine Jünger zu ihm" ausläßt. Dazu besteht kein Grund. Zudem wird gerade an diesem Satzteil die Haltung der Jünger sichtbar. Auch hier bestätigt sich, daß Ho weder für das Bibellesen noch für das Bibelstudium geeignet ist, dank biblischer Theologie jedoch für Erstkontakte mit der biblischen Botschaft.

*Mt 5,3*

Elb: „Glückselig die Armen im Geist, denn ihrer ist das Reich der Himmel."

Ko: „Glückselig im Geist sind die Armen; denn ihrer ist das Königreich der Himmel."

Lu: „Selig sind, die da geistlich arm sind; denn das Himmelreich ist ihr."

Zü und Sch übersetzen ähnlich wie Lu.

Wi: „Selig sind, die arm sind in sich selbst"

Ei: „Selig, die arm sind vor Gott"

Br: „Wohl denen, die sich innerlich arm wissen im Geist".

Sind die „Dummen" „selig", wie nach Lu, Zü, Sch schon vermutet worden ist? Sicher nicht. Wi weist auf die innere Armut hin. Bei Br wird klar, daß die innere Armut bewußt ist. Ei bringt zum Ausdruck, daß es sich um unsere Stellung vor Gott handelt.

„Selig" wird oft als „gerettet" verstanden, was hier nicht gemeint ist. „Glückselig" hat mehr Bezug zur Gegenwart, ist jedoch auch nicht klar. Daß „selig" oder „glückselig" sich auf die „Armen" beziehen soll, wie Ko übersetzt, entspricht dem Bemühen um eine möglichst konkordante Wiedergabe, die auch hier mißverständlich ist und völlig falsch aufgefaßt werden kann.

Wenden wir uns nun noch den Anmerkungen in den Bibelausgaben zu:

Me zu „selig“: „d.h. glücklich zu preisen (oder: H denen! Wohl denen!)“
zu „geistlich Armen“: „oder: im Geist (d.h. an Geistesgütern) Armen; im Gegensatz zu den geistlich Reichen (vgl. Phil 3,1-9; Jak 2,1-6; Offb 3,17).“
Al zu „selig sind“: „D.h. glücklich zu preisen sind“
zu „Armen im Geist“: „Arm im Geist (wörtl. Bettler am Geist) sind alle, die einen zerschlagenen Geist und ein zerbrochenes Herz haben (Jes 57,15; 61,1; 66,2; Ps 51,19)“ – Dann folgen noch über sieben Zeilen Kleingedrucktes mit 10 Parallelstellen.
Ei zu „arm sind vor Gott“: „Wörtlich: Die im Geist Armen. Gemeint sind Menschen, die wissen, daß sie vor Gott nichts vorweisen können, und die darum alles von ihm erwarten.“
Wi zu „arm sind in sich selbst“: „Wörtlich: in (ihrem) Geist arm“, also nicht: „geistig minderbemittelt“, auch nicht: „ohne den Geist Gottes zu besitzen“. ‚Geist‘ bezeichnet hier vielmehr das Innere des Menschen, das ‚Ich-selbst‘.“

„Heil denen!“, „Wohl denen!“, „Glücklich zu preisen sind“ ist klarer als „selig“ und auch besser verständlich als „glückselig“. Die Erläuterung zu „geistlich Armen“ in den verschiedenen Anmerkungen sind wertvoll. Gibt Al zusätzlich auch kurze Auslegungen, so bleibt Me beim Text, bietet jedoch in schwierigen Fällen oft mehr

Informationen als andere Übersetzungen. Den allgemein praktischen Hinweisen bei Me, Al und in der kommentierten Ei-Ausgabe steht der teilweise wissenschaftliche Charakter von Wi gegenüber. Die Anmerkungen in der nicht-kommentierten Gesamtausgabe von Ei beschränken sich vorwiegend auf den Text.

Wir werden nun den Begriff *„rechtfertigen"* in verschiedenen Bibelstellen bei Elb, Me und Al vergleichen und dabei feststellen, wie wertvoll dieses Vorgehen sein kann. (vgl. [51])

*Mt 12,37*

Elb: „aus deinen Worten wirst du gerechtfertigt werden"

Me: „nach deinen Worten (= auf Grund deiner Worte) wirst du gerechtgesprochen werden"

Al: „nach deinen Worten sollst du freigesprochen werden"

*Lk 7,29*

Elb: „Und das ganze Volk, das zuhörte, und die Zöllner rechtfertigten Gott, indem sie sich mit der Taufe des Johannes taufen ließen"

Me: „sind dem Willen Gottes nachgekommen, indem sie ..."

Al: „haben sich von ihm taufen lassen und damit diese Ordnung Gottes als gerecht anerkannt"

*Lk 16,15*

Elb: „die sich selbst rechtfertigen vor den Menschen"

Me: „„die sich selbst vor den Menschen als gerecht hinstellen"

Al: „die vor den Menschen mit ihrer Frömmigkeit großtun"

*Röm 3,4*

Elb: „Damit du gerechtfertigt werdest in deinen Worten“

Me: „Du sollst in deinen Worten (oder: Urteilssprüchen) als gerecht erfunden werden“

Al: „Du sollst recht behalten mit deinem Richterspruch“

*Röm 3,24*

Elb: „und werden umsonst gerechtfertigt durch seine Gnade“

Me: „so werden sie umsonst (oder: geschenkweise = ohne eigenes Verdienst) durch seine Gnade gerechtfertigt)

Al: „Sie empfangen vielmehr die Gerechtigkeit von ihm als unverdientes Gnadengeschenk“

Elb verwendet grundtextgemäß immer den gleichen Ausdruck. Im Deutschen ist die Bedeutung jedoch verschieden, wie folgende Zusammenfassung von Me und Al bestätigt:

Mt 12,37: gerechtsprechen, freisprechen

Lk 7,29: (Gottes) Ordnung als gerecht anerkennen, ihr nachkommen

Lk 16,15: (sich selbst) als gerecht hinstellen

Röm 3,4: als gerecht erfunden werden, recht behalten

Röm 3,24: Gerechtigkeit als Gnadengeschenk empfangen.

*„Fleisch“* ist ein weiterer heute oft unverständlicher oder mißverstandener biblischer Begriff. Zur Gegenüberstellung wählen wir hier zwecks besserer Übersicht eine parallele Anordnung. Elb sagt immer „Fleisch“.

| | Me | Al |
|---|---|---|
| Mt 19,5 | ein Fleisch sein | eins sein |
| Lk 3,6 | Die gesamte Menschheit | alle Welt |
| Röm 8,3 | (der Widerstand) des Fleisches | Fleisch # |
| 1. Kor 1,26 | Fleisch (d.h. im Sinn der Welt) | nach menschlichem Urteil |
| 2. Kor 5,16 | Fleisch # | nach dem äußeren Augenschein – nach seiner äußeren Erscheinung im Fleisch # |
| Eph 2,15/14 | durch (die Hingabe) seines Leibes | Fleisch # |

In manchen Fällen führt außer dem Übersetzungsvergleich der Textzusammenhang zur biblischen Bedeutung. Genügt dies nicht, dann finden wir oft Anmerkungen zum Text, auf die hier mit # hingewiesen wird. Beispiele von Anmerkungen:

*Zu Röm 8,3*
Al #: Durch die bösen Begierden.

*Zu 2. Kor 5,16*
Me #: d.h. nach seiner äußerlichen menschlichen Beschaffenheit. A.Ü.: nach der Weise des Fleisches, d.h. nach der in der Menschenwelt üblichen Beurteilung.

Al #: Ihn also mit den Augen des fleischlich gesinnten, ungläubigen Juden angesehen.

Im weiteren kann das Stichwortregister, das oft im Anhang steht, benützt werden. Al beispielsweise führt zu „Fleisch" fünf Hauptbedeutungen mit Bibelstellen auf.

Zum Studium einzelner biblischer Wahrheiten wird noch auf „Die Neue Scofield Bibel" (Sc) hingewiesen. Auch „Fleisch" kann mit Kettenangaben durch die ganze Bibel hindurch verfolgt werden. Zu wichtigen Begriffen wird eine Zusammenfassung geboten, die für „Fleisch" auf den Seiten 1337/38 wie folgt lautet:

„Fleisch, Zusammenfassung: ‚Fleisch', im ethischen Sinne, ist der ganz natürliche oder nicht wiedergeborene Mensch – Geist, Seele und Leib – er hat das Selbst als Mittelpunkt, ist zur Sünde geneigt und widersteht Gott (Röm 7,18). Der wiedergeborene Mensch lebt nicht ‚in der Sphäre des Fleisches, sondern in der Sphäre des Geistes' (Röm 8,9); aber das Fleisch ist noch in ihm, und er kann nach seiner Wahl ‚nach dem Fleisch wandeln' oder ‚nach dem Geist' (1. Kor 3,1-4; Gal 5,16-17). Im ersteren Fall ist er ein ‚fleischlicher' Gläubiger; in dem zweiten Fall ist er ein ‚geistlicher' Gläubiger. Sieg über das Fleisch wird die gewohnheitsmäßige Erfahrung eines Gläubigen sein, der in dem Geist wandelt (Röm 8,2.4; Gal 5,16-17)."

Abschließend erwähnen wir biblische Begriffe, deren Studium nach den Richtlinien dieses Kapitels in der heutigen Zeit besonders wertvoll sein kann: Abendmahl, Antichrist, Apostel, Auferstehung, Bekehrung, Beschneidung, Blut Jesu, Bund, Buße, Christus, Erlösung, Frieden, Frucht, Gaben, Gebet, Gewalt, Geist Gottes, Glaube, Gnade, Gott, Haupt, Heil, Heiliger Geist, Heiligung, Himmel, Himmelfahrt, Hoffnung,

Hölle, Jesus, Kirche, Leib Christi, Liebe, Mittler, Rechtfertigung, Satan, Schrift, Sohn Gottes, Sünde, Taufe, Vater, Vergebung, Wahrheit, Werke, Widerchrist, Wiedergeburt, Wiederkunft Jesu, Wort, Wunder, Zeit usw.

Wie oft benützen wir diese „Worte“, ohne uns deren Bedeutung ganz bewußt zu vergegenwärtigen! Wie oft „studieren“ wir biblische Begriffe, ohne davon berührt zu werden! Nur dann können wir „das Schwert des Geistes“ (Eph 6,17) richtig schwingen, wenn es auch immer wieder unser eigenes Herz treffen darf.

# (17) Bibel und ...

Heute haben wir genügend zuverlässige Bibeln zu unserer Verfügung, die mit den laufenden Revisionen (Elb, Sch) teilweise noch genauer und verständlicher werden.

Man tut oft so, als wären grundtextnahe Übersetzungen völlig unverständlich für unsere Zeit, was nicht zutrifft. Sie sind nur manchmal schwerer verständlich, besonders für den, der noch keine Beziehung zum Bibelwort und zur Gemeinde hat. Wir benötigen nicht neue Bibeln, sondern neue Bereitschaft zum Bibellesen und Bibelstudium.

Für das Lesen oder Hören des Wortes ist unser Beweggrund entscheidend. Gott schenkt seine Hilfe nicht dem, der alles restlos erklären kann. Er hat dem Aufrichtigen und Demütigen Gnade verheißen (Spr 2,7; Jak 4,6). Die Bibel sagt: „Der Weisheit Anfang ist die Furcht des HERRN, und die Erkenntnis des Heiligen ist Verstand" (Sp 9,10 – Sch).

Dann steht uns mit Ho auch eine NT-Übertragung für bisher dem Evangelium Fernstehende zur Verfügung, die als erster Kontakt mit der biblischen Botschaft und Geschichte gute Dienste leistet – vor allem nach den noch zu erwartenden laufenden Verbesserungen. Es gibt keine moderne deutsche Übertragung, die bei besserer Verständlichkeit so zuverlässig wäre, daß wir deswegen die grundtextnahen und zugleich bibeltreuen (volles Ja zur Inspiration und biblische Theologie) vernachlässigen könnten.

Wer erstmals mit dem NT in Berührung kommt, benötigt nicht sofort ein AT. Wo das Evangelium von Jesus Christus ein Herz noch nicht erreichen kann, ist das AT verfrüht. Wenn man dann die neutestamentliche

Gottesoffenbarung in Jesus Christus ein wenig besser kennt und erlebt, wünscht man sich eine wirklich zuverlässige und inhaltlich genaue Bibel – also nicht das modernste AT.

*Unser* Bibellesen und *unser* Bibelstudium kann einseitig sein. Auch unser Erkennen ist Stückwerk. Erziehung und Erfahrung spielen ebenfalls mit. Wir alle benötigen Ergänzung, Hören auf die Verkündigung anderer.

„Also ist der Glaube aus der Verkündigung, die Verkündigung aber durch das Wort Christi" (Röm 10,17). Unser Glaubensleben nimmt Schaden, wenn wir nicht regelmäßig und aufmerksam der Verkündigung des Wortes Gottes zuhören. Eine neutestamentliche Verkündigung ist dabei selbstverständlich Voraussetzung. Die Verkündigung des Wortes Gottes ist der normale biblische Weg, um Glauben zu wecken, und das Hören des Wortes, um Glauben zu empfangen.

Bei dieser grundsätzlichen Aussage wird auch festgestellt, daß man für die Verkündigung gesandt sein muß (Röm 10,15). Die Verkündigung ist jedoch nicht auf ein Kirchengebäude beschränkt. Wo immer Menschen einer biblischen Verkündigung aufmerksam zuhören, kann Gott reden.

Noch aus einem weiteren Grund darf sich ein Christ nicht zurückziehen und – aus welchem Grund auch immer – Zusammenkünften regelmäßig fernbleiben:

„... und laßt uns aufeinander achthaben, um uns zur Liebe und zu guten Werken anzureizen, indem wir unser Zusammenkommen nicht versäumen, wie es bei einigen Sitte ist, sondern (einander) ermuntern, und (das) um so mehr, je mehr ihr den Tag herannahen seht" (Hebr 10,24-25).

Wir sind aufeinander angewiesen! Wir alle benötigen hin und wieder Ermahnung! Die Bibel ist auch hier sehr klar: „Wer Zucht liebt, der wird klug; aber wer Zurechtweisung haßt, der bleibt dumm" (Spr 12,1 – Lu).

Ermahnung meint jedoch nicht Kritik, Anklage und Verurteilung. Ermahnung kann Ermunterung und Trost sein oder auch Aufruf zu einem Gott wohlgefälligen Leben. Das geschieht aus innerer Anteilnahme heraus mit dem Wunsch zu helfen: „... wie ihr ja wißt, daß wir euch (und zwar) jeden einzelnen von euch, wie ein Vater seine Kinder ermahnt und getröstet und beschworen haben, des Gottes würdig zu wandeln, der euch zu seinem Reich und seiner Herrlichkeit beruft" (1. Thes 2,11-12).

Ein Christ, der sich zurückzieht und die Zusammenkünfte vernachlässigt, steht nicht nur in großer Gefahr, er verpaßt auch große göttliche Segnungen:

*Gemeinsames Gebet* hat eine besondere Verheißung: „Wenn zwei von euch auf der Erde übereinkommen werden, irgendeine Sache zu erbitten, so wird sie ihnen werden von meinem Vater, der in den Himmeln ist" (Mt 18,19). Wenn wir nach Gottes Willen zusammenkommen, dann ist Jesus auch gegenwärtig: „Denn wo zwei oder drei versammelt sind in meinem Namen, da bin ich in ihrer Mitte" (Mt 18,20). Ist aber Jesus gegenwärtig, dann liegt in unserem Zusammensein Bedeutung und Kraft – sowohl in den Gemeindezusammenkünften als auch „hin und her in den Häusern".

Wir haben wirklich viel Grund, Gott zu danken! David lobt Gott persönlich und ruft dann auch zum gemeinsamen Lob Gottes auf: „Den HERRN will ich preisen allezeit, beständig soll sein Lob in meinem Munde sein. In dem HERRN soll sich rühmen meine Seele; hören werden es die Sanftmütigen und sich freuen. Erhebt den HERRN mit mir, laßt uns miteinander erhöhen seinen Namen!" (Ps 34,2-4).

In manchen Übersetzungen steht, daß sich die „Elenden", die „Armen" darüber freuen werden. Freude an Gott und seinem Wort ist jedoch nicht von Umständen abhängig – wie leicht oder schwer sie auch sind. Wir haben *immer* Grund zur Dankbarkeit. Elb übersetzt hier: „hören werden es die *Sanftmütigen* und sich freuen". Bu lautet: „die sich Beugenden hörens und freun sich"; Zü: „die Gebeugten"; Me: „die Demütigen (oder Gebeugten)". Für ein Gott wohlgefälliges Dank- und Loblied zählt unsere Herzensstellung, aber auch unser ganzes Leben. Paulus schreibt in Eph 1,12: „damit wir zum Preise seiner Herrlichkeit *seien*" (kursiv durch Verf.).

Bibel und ... Verkündigung, Hören, Glauben, Gebet, Gemeinschaft, Dank, Gehorsam und Dienst. Das gehört zusammen. In diesem „Klima" kann sich das einzelne Leben wie die ganze Gemeinde geistlich entfalten und fruchtbar werden zur Ehre und zum Lob Gottes.

Unsere Zeit ist geprägt von Machtpolitik, Ichbezogenheit und Geld; negativem Denken, Orientierungslosigkeit und Resignation. Selbst Christen stehen in Gefahr, sich stärker von den Zeiterscheinungen beeinflussen zu lassen als vom Wort Gottes.

Bei aller auch durch die Schrift gebotenen Wachsamkeit und bewußten Wahrnehmung dieser „Zeichen der Zeit" dürfen wir jedoch getrost vorwärtsgehen:

> „Wenn Gott für uns ist, wer gegen uns?" (Röm 8,31).
> „Denn alles, was aus Gott geboren ist, überwindet die Welt; und dies ist der Sieg, der die Welt überwunden hat: unser Glaube" (1. Jo 5,4).
> „Wenn aber diese Dinge anfangen zu geschehen, so blickt auf und hebt eure Häupter empor, weil eure Erlösung naht" (Lk 21,28).

Die Erlösung naht! Freuen wir uns darauf? Sind wir bereit?

# (18) Anhang

# Luther-NT 1984

Das Luthertestament 1984 erschien erst nach Redaktionsschluß und konnte deshalb nicht in die Gesamtbetrachtung einbezogen werden.

Aus dem Hinweis zur Überarbeitung und dem Verzeichnis der Abkürzungen geht hervor, daß die Apokryphen weiterhin wie das AT und NT eingestuft werden. Einige Begriffe wurden neu im Sachregister aufgenommen, z.B. „Geister, böse, unreine", „Gemüt", „Verlobung". Zu letzterem wird festgehalten: „Die eheliche Gemeinschaft wird erst nach der Heimholung der Braut (d.h. nach der Hochzeit) aufgenommen."

„Wichtige Schriftworte" sind wie bisher kursiv gedruckt, was einer unterschiedlichen Wertung gleichkommt.

Man hat beim NT-84 wieder verstärkt den Eindruck, eine „Luther-Bibel" vor sich zu haben. Ausdrücke wie die folgenden wurden nach dem NT-75 wieder ersetzt: „Der bezahlte Knecht" wird wieder zum „Mietling" (Joh 10,12), „Streit" zu „Hader" (Röm 1,29), „Gewiß nicht!" zu „Das sei ferne!" (Röm 7,7), „launenhaft" zu „wunderlich" (1. Petr 2,18), „Stammbaum" zu „Geschlechtsregister" (Tit 3,9), „klar" zu „lauter" (Mt 6,22), „Schurke" zu „böser Knecht" (Mt 18,32).

Andererseits wurden sprachliche Verbesserungen des NT-75 belassen und weitere vorgenommen: „sie zu begehren" (Mt 5,28; NT-56: „ihrer zu …"), „Sie haben ihren Lohn schon gehabt" (Mt 6,5; NT-56: „… dahin"), „unterordnen" (Eph 5,21-22; NT-56 :„untertan sein"), „schärfer als …" (Hebr 4,12; NT-56+75: „schärfer denn …").

Das Ausmaß des wieder verstärkten „Luther-Deutsch“ wird sicher nicht nur Zustimmung finden. Das gilt auch für Änderungen wie „Wenn nun das Salz nicht mehr salzt“ (Mt 5,13), die um so stärker auffallen (75:„... seine Wirkung verliert“, 56: „... kraftlos wird“).

„Fleisch“ wird wieder zu „Fleisch“ (Röm 8; Gal 5) und im Sachregister erklärt (im NT-75 ist „Fleisch“ umschrieben). In Mt 4,4 „von einem jeden Wort, das aus dem Mund Gottes geht“ wird das dynamisch-gleichwertige Prinzip („das aus Gottes Mund *kommt*“, NT-75) wieder verlassen.

Das NT-84 ist an verschiedenen Stellen sinngemässer als das NT-75:

Joh 13,27: „Was du tust, das tue bald!“
(NT-75: „tun mußt, das ...“).

Hebr 9,14: „unser Gewissen reinigen von den toten Werken“
(NT-75: „... von den todbringenden Werken“).

1 Joh 5,20: „uns den Sinn dafür gegeben hat“
(NT-75: „... und uns fähig gemacht hat“).

Einzelne Stellen sind genauer als bisher, z.B. Lk 2,43 „der Knabe Jesus“ (NT-75: „Jesus, ihr Kind“)!

Zum Handschriftenbefund (siehe Kap. 12): Mt 6,13b (#) wird wie bisher gewertet, Lk 9,54 (–) und Joh 5,4 (o) jedoch wie bibelkritische, nicht wie bibeltreue Ausgaben.

An der Beurteilung der Luther-Bibel hat sich durch das NT-84 grundsätzlich nichts geändert. Als Vollbibel für den täglichen Gebrauch (*ohne* Ausgaben mit Erklärungen) hat sie wieder an Vertrauenswürdigkeit gewonnen.

# Literaturnachweis


1 Kurt Aland und Barbara Aland: Der Text des Neuen Testaments. Deutsche Bibelgesellschaft Stuttgart 1982, S. 89-90.
2 Ernst Würthwein: Der Text des Alten Testaments. Württembergische Bibelanstalt Stuttgart 1973, S. 117
3 René Pache: Inspiration und Autorität der Bibel. R. Brockhaus-Verlag, Wuppertal 1968, S. 187.
4 siehe: 3, S. 189-190.
5 siehe: 3, S. 190.
6 siehe: 1, S. 227.
7 A. Symank, in: Bibel und Gemeinde. Zeitschrift des Bibelbundes. April-Juni 1978, S. 197.
8 siehe: 7, S. 194.
9 siehe: 7, S. 200.
10 Siegfried Meurer: Der Bestseller ohne Leser. Deutsche Bibelstiftung, Stuttgart 1976. S. 141-144.
11 Gerhard Krause in: Zeitschrift für Theologie und Kirche 1981, Beiheft 5, S. 89/90.
12 Eugene A. Nida und Charles R. Taber: Theorie und Praxis des Übersetzens, Weltbund der Bibelgesellschaften 1969, S. 1.
13 siehe: 12, S. 13ff.
14 siehe: 12, S. 30.
15 H. von Siebenthal, in: Fundamentum. Zeitschrift der Freien Evangelisch-Theologischen Akademie Basel. Heft 1/1984, S. 205/206.
16 siehe: 15, S. 206.
17 Walther Killy in: siehe 11, S. 56. Zitat von F. Tschirch.
18 Gottes Wort in unserer Mitte, A. Hellendoorn, Bad Bentheim 1982, S. 14.
19 siehe: 18, S. 20.
20 siehe: 18, S. 24.
21 S.R. Külling in: siehe 15, Heft 3/1981, S. 44.
22 J. Buchegger und M. Gerber in: siehe 21, S. 51. Zitat von O.T. Allis.
23 D. Poysti in: siehe 21, S. 56. Zitat von G.L. Archer.
24 siehe: 15, Heft 3/1981 und 4/1981.
25 Bruce K. Waltke in: siehe 7, Oktober-Dezember 1977, S. 411.

[26] Gertrud Heinzelmann in: Tages-Anzeiger Zürich, 11. Februar 1984, Leserseite.
[27] Theophil Rehse: Ökumene. Schulte + Gerth, Asslar 1983, S. 87.
[28] siehe: 27, S. 99.
[29] Andreas Symank: Werden alle Menschen gerettet? Das Haus der Bibel, Genf 1982.
[30] siehe: 27, S. 69/70.
[31] W.I. Sauer-Geppert in: Siegfried Meurer: Eine Bibel, viele Übersetzungen. Deutsche Bibelstiftung, Stuttgart 1978, S. 146+150.
[32] siehe: 7, S. 202.
[33] siehe: 7, S. 198.
[34] Robert Steiner: Neue Bibelübersetzungen. Neukirchener Verlag, Neukirchen-Vluyn 1975, S. 29-32.
[35] Peter Vogelsanger in: Neue Zürcher Zeitung, 30. Januar 1984, Feuilleton.
[36] Neue Zürcher Zeitung, 31. Januar 1984, Stadt und Kanton Zürich.
[37] Peter Walther in: Tages-Anzeiger Zürich, 28. Januar 1984, Zürich.
[38] siehe: 34, S. 48.
[39] siehe: 34, S. 49-51.
[40] siehe: 34, S. 51.
[41] siehe: 10, S. 120-121.
[42] siehe: 36.
[43] siehe: 34, S. 116-122.
[44] Fritz Rienecker: Sprachlicher Schlüssel zum Neuen Testament, Brunnen-Verlag.
[45] siehe: 7, S. 203.
[46] siehe: 7, Juli-September 1978, S. 244-261.
[47] siehe: 10, S. 120-121.
[48] Dietegen Stickelberger in: Neue Zürcher Zeitung, 20. März 1984, Briefe an die NZZ.
[49] Merrill F. Unger: Bibel aktuell Band 4: Hermann Schulte, Wetzlar 1973, S. 78.
[50] siehe: 7, Oktober-Dezember 1972, S. 257-258.
[51] siehe: 12, S. 17-18.

Die im 2. Teil nicht aufgeführten Verlagsadressen sind in den Bibelausgaben angegeben oder in Ihrer Buchhandlung erhältlich.

# Bibelstellen-Hinweis zu den Übersetzungen

Hier werden nur Bibelstellen erwähnt, die an anderen Stellen als bei der Besprechung einer bestimmten Übersetzung aufgeführt sind: zuerst Seitenangaben, dann Bibelstelle. Bei Elberfelder sind nur für die Beurteilung dieser Übersetzung wichtige Stellen aufgeführt.

**Elberfelder**



**Buber**



**Konkordantes NT**



**Neue-Welt-Übersetzung**



**Luther**



**Scofield**

**Bengel**



**Zürcher**



**Menge**



**Schlachter**



**Jerusalemer**



**Einheitsübersetzung**

**Wilckens**

| | |
|---|---|
| 76 | Mt 13,15 |
| 106 | Joh 7,38 |
| 106 | Eph 5,14 |
| 111 | Röm 12,8 |
| 114 | Tit 1,8 |
| 124 | Tit 1,1 |
| 124 | Röm 8,2 |
| 127 | Röm 6,22 |
| 145 | 1. Kor 12,5 |
| 145 | Hebr 1,3 |
| 145 | Eph 1,3-14 |
| 145 | Joh 1,14 |
| 158 | 2. Kor 5,17 |
| 164 | Apg 9,35 |
| 173 | Mt 22,14 |
| 174 | Joh 1,17 |
| 181 | Mt 5,5 |
| 181 | Mt 13,43 |
| 238 | Mt 5,3 |

**Mülheimer**

| | |
|---|---|
| 145 | Hebr 1,3 |

**Albrecht**

| | |
|---|---|
| 140 | Joh 17,19 |
| 140 | Röm 8,1 |
| 141 | Tit 1,1 |
| 141 | Eph 1,7 |
| 150 | Mt 23,32 |
| 155 | 1. Tim 6,3 |
| 155 | Röm 2,5 |
| 158 | Hebr 6,2 |
| 158 | 2. Kor 5,17 |
| 181 | Mt 5,5 |
| 212 | Röm 5,1 |
| 212 | 1. Kor 15,49 |
| 238 | Mt 5,3 |
| 240 | Mt 12,37 |
| 240 | Lk 7,29 |
| 240 | Lk 16,15 |
| 241 | Röm 3,4 |
| 242 | Röm 3,24 |
| 242 | Röm 3,24 |
| 242 | Mt 19,5 |
| 242 | Lk 3,6 |
| 242 | Röm 8,3 |
| 242 | 1. Kor 1,26 |
| 242 | 2. Kor 5,16 |
| 242 | Eph 2,14 |

**Pfäfflin**

| | |
|---|---|
| 145 | Hebr 1,3 |
| 145 | Röm 5,1 |
| 155 | Röm 2,5 |
| 158 | Hebr 6,2 |

**Bruns**

| | |
|---|---|
| 104 | 2. Kön 18,17 |
| 140 | Röm 8,1 |
| 141 | Tit 1,1 |
| 146 | Hebr 1,3 |
| 158 | Hebr 6,2 |
| 238 | Mt 5,3 |

**Zink**

| | |
|---|---|
| 51 | Lk 13,28 |
| 51 | Mt 5,48 |
| 164 | Apg 9,35 |

**Gute Nachricht**

| | |
|---|---|
| 51 | Lk 13,28 |
| 51 | Mt 5,48 |
| 51 | Mt 5,37 |
| 92 | Joh 13,27 |
| 104 | 2. Kön 18,17 |
| 106 | Joh 7,38 |
| 106 | Eph 5,14 |
| 191-199 | verschiedene |

**Hoffnung für alle**

| | |
|---|---|
| 51 | Lk 13,28 |
| 51 | Mt 5,48 |
| 51 | Mt 5,37 |
| 106 | Eph 5,14 |
| 180-187 | verschiedene |
| 237 | Mt 5,1-2 |

Beachten Sie ebenfalls die Gegenüberstellung von 24 Bibelstellen bei 12 verschiedenen Übersetzungen auf den Seiten 208 und 213-214.

*Ein weiteres Sachbuch für Bibelleser:*

Arnold Fruchtenbaum
**Handbuch der biblischen Prophetie**

Gerade in bezug auf die Auslegung prophetischer Bücher herrscht bei vielen Christen eine große Unsicherheit vor. Deswegen stellt der Autor (ein Judenchrist) seiner eigenen Auslegung die grundsätzlichen Regeln für eine schriftgemäße Interpretation voraus.
Der rote Faden des Buches ist eine gründliche Auslegung der Offenbarung. Dabei zieht der Autor immer wieder erklärende Stellen aus dem Alten und dem Neuen Testament heran und zeigt so die großen Zusammenhänge auf. Überraschende Erkenntnisse und durchaus ungewöhnliche Schlußfolgerungen sind die Konsequenz dieser bisher umfassendsten Gesamtschau der prophetischen Aussagen der Bibel.

Fruchtenbaum geht kenntnisreich, aber auch mit der gebotenen Vorsicht an die prophetischen Schriften heran. In dem vorliegenden Buch, das die Zeit bis zur Wiederkunft Christi behandelt, verliert er sich nie in Spekulationen und nennt deutlich die Punkte, die wir noch nicht wissen können.

Hardcover
Best.-Nr. 15 374